〈体育会系女子〉のポリティクス

身体・ジェンダー・セクシュアリティ

井谷 聡子

関西大学出版部

【本書は関西大学研究成果出版補助金規程による刊行】

目次

第Ⅱ部　メディア言説構築

終章　スポーツ・フェミニズム・クィア

凡例

一．本書は、博士論文 Itani,S.（2015）．"Japanese Female and 'Trans' Athletes: Negotiating Subjectivity and Media Constructions of Gender, Sexuality, and Nation", Toronto University. を元にしたものであるが、日本語での出版に合わせて情報の更新や文章の追加削除、編集を施している。

一．二〇一四年五月二八日、日本精神神経学会は、二〇一三年五月に出された精神障害の診断と統計マニュアル（ＤＳＭ‐５）に従って精神疾患名を変更したと発表した。ＤＳＭ‐５では、性同一性障害（Gender Identity Disorder）が性違和（Gender Dysphoria）と置き換えられた。本研究では、性違和ではなく性同一性障害という表記を使用する。これは性自認のカテゴリー化と病理化についての筆者自身の立場を示すものではなく、本研究のデータが収集されたときは、まだＤＳＭ‐５が発表されていなかったことと、調査に協力してくれた選手たちの中にＧＩＤを自身のアイデンティティの一部として表現していた方がいたためである。

一．"Nation"は、文脈によって「国民」や「民族」と訳されている。また、"Nationalism"は、ジョージ・Ｌ・モッセのナショナリズムに関する論考とその和訳に従い「国民主義」と訳している。

一．英語文献を筆者が訳している箇所は、そのように記述している。翻訳に際して、日本語で原書とは別の表現に訳している場合は、元の英語を付記している。

一．インタビューは、協力者の語り方が伝わるように、ほぼ文字起こししたままにしているが、一部繰り返しや言葉を明確にするために筆者の判断で整えている。

はじめに

「なんで髪伸ばさないの？　似合うって！」

「練習があるから髪伸ばすとうっとうしいんだよね」

「好きな男子とかいないの？」

「陸上の練習で忙しいから、男とかファッションとか考える時間ない」

「そうだよね」


（ある友人との高校時代の会話）

「あら、男の子かと思った！　スポーツか何かしてるの？」

（ある初対面の年配女性との会話）

ジェンダー・クィア？

私は、二三歳まで自身が、典型的な女としての性自認を持たない「ジェンダー・クィア」であることを周囲に隠していた。ジェンダー・クィアとは、性自認やジェンダー表現が、典型的な男女の規範や二元的ジェンダーに収まらない人全般を指す。近年は、生まれたときに判定された性別と自分がジェンダーの観点から何者だと感じているかがすんなり一致しない人を表現する様々な言葉が生まれてきた。性自認が男女のどちらかでないと感じる「ノンバイナリー」や「Xジェンダー」、手術やホルモン療法を必ずしも求めない「トランスジェンダー」、英語圏では性自認が流動的であることを意味する“gender fluid”やジェンダー表現が女らしさ、男らしさに関わる社会の規範に従わないことを意味する“gender nonconforming”という言葉の使用も増えている。また、ジェンダー・クィアの「クィア」という言葉は、元々は英語圏で「変な」「普通でない」という意味で使用され、歴史的に性に関する規範（norm）から外れる者を指して使われる言葉であった。だが一九八〇年代から始まるラディカルなクィア・アクティビズムの中で、「性の規範」に従った生き方をしないことに誇りを持つ、「クィア」という言葉で他者から名指されるのではなく、誇りある自称として使用し、その意味をポジティブなものにシフトする動きが起こった。以降、異性愛主義、同性愛嫌悪的な多数派社会に対して同化しない運動や立場を表明する言葉としても使用されるようになる。私が自身を説明する言葉としてトランスジェンダーよりもジェンダー・クィアを頻用するのは、この反同化主義的立場をより明確に表すことができると考えるからだ。

だが、冒頭で書いたように、そのような言葉の存在やそれを「自分を語る言葉」として引き受けることができるようになったのは、米国に渡り、成人し、多様なジェンダーの生き方を目撃し、異なる意味付けの可能性に目と心が開かれるようになってからだ。だから二三歳までの自分は、「ジェンダー・クィア」という言葉をまだ獲得できておらず、その意味では「ジェンダー・クィアであること」を隠していた、というのは正確でないかもしれない。いずれにしても、自分自身が「普通の女の子」というものではないと感じた様々な出来事について、それを性自認の問題として話すことはなかった。それはたとえば、男子として扱われたい、男子のスポーツチームに入りたい、といった気持ちや、男のスーパーヒーローへの強い憧れである。黒色ランドセルなど、「男子用」としてデザインされた様々なものが欲しかったことや、女子の制服やブルマの体操服を着なければならないのが心底嫌だったことなどもある（体育委員長をしていた中学時代に、ブルマは女子に対する人権侵害であるとして、体操服をハーフパンツにするよう教員とＰＴＡに働きかけたことはある）。

しかし、こういった自己認識と願望は、どれだけ抑えつけても消えてなくなることはなく、風船の中の空気のように隙間を見つけては外に出ようともがき続けていた。抑えつけられた自己がなんとか漏れ出す小さな穴を見つけ、周囲の人間にそれがある程度認知されていたからこそ、苦しい一〇代、二〇代を生き延びることができたようにも思う。

その「漏れ出し」のせいだろうか、親戚や友人だけでなく初対面の人からも、私の「男っぽい」見た目や、異性としての男子や「女らしい」ファッションに興味がないことについて詮索されたり、露骨に不審な目で見られたりした経験は数え切れない。ところが、このような好奇心と不信が半々混ざり合った詮索の視線や言葉は、ひとたび私が「アスリート」であることがわかるとあっさり解消することが多かった。私の見た目に「活発なスポーツする女子」という説明が与えられると、不安が解消されたのか、安堵の表情を浮かべる人すらある。

「あーそうなの！　スポーツやってる感じやもんね」

「あ、そう！　すごい頑張ってるんやね！」

「かっこいいね！」

その反応は様々だが、共通するのは、私が「女子選手」であることで、なぜか私の「女らしさの欠如」がすんなりと受け入れられるようである点だ。

また足がそこそこ速く、言葉遣いが荒かった私は、「男女（おとこおんな）」や「おなべ」など、私のジェンダーを揶揄する様々な悪口を言われながら小学校生活を送った。実にいろいろなあだ名をつけられたが、中には「ジョイナーくそイタニ」というクリエイティブなものもあった。フローレンス・グリフィス＝ジョイナーは、今でも破られることのない女子一〇〇メートル走の世界記録保持者であり、その早すぎる死後もずっと陸上界に記憶されるヒーローだ。その憧れのジョイナーにたとえられることは誇らしくもあったが、やはり「くそ」という言葉が私とジョイナーの間に入っていることは許しがたい冒瀆であった。「私たち」の名誉を守るためにもこの侮辱行為を放置してはならないと、その呼び名が使われるたびに犯人を追いかけ回し、六年生まで五〇メートル走の記録が男女合わせて学年一、二位を争っていた私は、難なく犯人（必ず男子だった）を廊下の端まで追い詰めることができた。

このような経験は、速く走れる女はこの社会では「くそ」な存在である（少なくとも男子たちにとっては）ということを子どもの私にはっきりと認識させたし、おそらく周囲でそれを聞いていた子どもたちの意識にもある程度染み込んでいたのではないだろうか。もちろん、走る速さ以外に私が何人かの男子たちにとって「くそ」であった理由はあったのかもしれない。しかし、当時の「ジョイナー」のイメージは信じられないような俊足の女性であり、アスリートでありながらばっちりとメイクを決め、ネイルを施し、ド派手なユニフォームで世界を驚かせる大スターであった。そんな女の強さと美しさの両方を持ち合わせた彼女と、日本の田舎の小学生である私をわずかでも結びつける共通点は、走るのが速い「女」、ただそれだけだった。そしてそのつながりは、少なくとも私にちょっかいばかりかけていた男子にとっては「くそ」なものだったのである。

あれから約四半世紀が過ぎ、駆け出しながらスポーツとジェンダーの研究者という肩書きを持つようになった。そんな今、改めて子ども時代の経験を振り返ってみると、強い身体や速い足、高いスポーツ技能を持つ女子たちがいかに早い段階から様々にあだ名され、からかいの的となり、また男と比較されることで、「女は男とは異なり、弱く、遅く、優しい存在である」、あるいはそうあらねばならないという性規範を学ばされていくかに気づく。

ただ興味深いことに、私の「男のような」自己表現や身体的強さは、アスリートとしてそれなりに成功していくうちに、次第に周囲から問題視されることが少なくなっていった。また同時に、かつては身の回りにほとんどいないと思っていた、私と同じように「超」短髪で、男子やファッションについてほとんど話さない「ボーイッシュ」な女の子たちが、競技のレベルが高くなればなるほど増えていく傾向があることに気がついた。もちろんあくまで傾向である。髪を長く伸ばし、おしゃれをする選手も当然いたし、競技によって様々なのであろうが、少なくとも陸上界では、一目置かれるような選手は短髪でボーイッシュな見た目の選手が多かったように記憶している。

なぜこのような印象をもつに至ったのだろうか。この研究を通して明らかになったことの一つに、競技レベルの高い女子選手には「女の子らしくあること」よりも、「女の子らしくないこと」がしばしば求められるということである。大人しい、優しい、弱い、繊細である、気遣いができる、ファッションや男子とのデートに興味があるといった、一般に「女の子らしい」という性質は、強さと自律、時には禁欲的態度と攻撃性が求められるスポーツとは相容れないと考えられてきた。その中で、女子はスポーツが求める「男らしさ」と社会が求める「女らしさ」の間を絶え間なく折衝し続けることが求められるのである。これはメディアが女子選手を「女の子」扱いする、あるいはファンや視聴者が「女の子らしさ」を求める傾向があることを示すスポーツメディア研究が明らかにしてきたのとはまた異なる、スポーツにおける女子選手のジェンダー化の側面である。

こういったスポーツとジェンダーの関係性の複雑さもあってか、ハイレベルなスポーツ空間は、隠れジェンダー・クィアの私にとって、女らしくあることを求められない密かな「安全な空間（safe space）」であった。一〇代の選手時代は、私がアスリートであり続ける限り、自分の「男っぽい」格好や男子とのデート、（女の子らしいとされる）ファッションなどに興味がないことについて、説明を求められる状況から逃れられると感じていた。「選手は競技に献身すべし」というコーチや社会の期待、あるいは要求を逆手に取ることで、私は性規範の遵守を求める社会の「ジェンダー・ポリーシング（gender policing）」[*1]の目をかいくぐり、異性愛主義的な社会の要求を一定程度退けることができたのだった。少なくとも、私が所属していた日本のローカルな社会空間、スポーツ空間においては、北米における研究が指摘しているような、「女らしくない」というだけで女子選手がレズビアンではないかと勘繰られるようなことはほとんどなかったように思う。

北米のスポーツとジェンダー・セクシュアリティ研究との出会い

こういった性規範から逃れられるスポーツの「安全な空間」に対する認識や記憶は、それほど明確に言語化されることなく、私の意識に長くぼんやりとした形で存在していた。それが大きく変化し、そのような認識を言語化することへの強い欲求を持つようになったのは、高校を卒業した後に北米でスポーツにおけるジェンダー問題について勉強するようになってからである。

私が北米で学生生活を送った二〇〇〇年代は、一九八〇年代から徐々にその芽が出始めていたスポーツとセクシュアリティ研究が、いよいよ欧米のスポーツ研究の大きな潮流の一つとなってきた時代だった。かつて自身もスポーツ選手であり、性規範だけでなく「性的指向や性自認（Sexual Orientation, Gender Identity：以降ＳＯＧＩと表記)」による差別を経験してきた研究者たちが、自身の苦しい抑圧や差別経験をスポーツ文化の歴史とイデオロギー性、セクシュアリティの政治性に着目しながら、洗練された理論へと昇華させていた。

当時の欧米のスポーツ研究は、スポーツ空間を非常に同性愛嫌悪的なもの[*2]として理論化していた。これらの研究は、特に男らしいとされるスポーツにおいては、女子選手はレズビアンであると疑われないために異性愛規範(heteronormative)に則った女らしさを、男子選手は男らしさを示すことで「異性愛者であること」を遂行(perform)する必要があることを明らかにしていた。このような欧米のスポーツ文化に基づいた研究や理論は、私自身の経験と日本におけるスポーツの役割を違った形で振り返る理論的なツールを与えてくれた。

しかし、スポーツと同性愛嫌悪に関する欧米の理論は、私の過去の経験をすっかり説明してくれるものではなかった。ブライアン・プロンガーがいったように、近代スポーツが「男らしさの競技場(arena of masculinity)」(Pronger, 1992)であり、異性愛規範を強化・再生産する場であるがゆえに非常に同性愛嫌悪的でトランス嫌悪的[*3]な場であるならば、なぜ私は、日本のスポーツ空間を「安全」な空間として経験したのだろうか。

この問いへの答えは、単に欧米とは異なる「日本の性文化」のみに求めることはできない。日本社会が多様な性自認やジェンダー表現に寛容であるとは決していえないことを、私自身が身をもって経験している。知り合いや友人から受けるジェンダー・ポリーシングは、今でも日本における私の日常の一部であるし、私の「男っぽい」ジェンダー表現が日本の性規範からはみ出していることを私は十分に認識している。日本のSOGIに基づく差別の実態や人権問題の認知は近年徐々に進んできているように見えるが、実際には生活のありとあらゆるところで、まだまだ多くの差別に直面していることは、いわゆる「LGBT」の当事者たちが語るところである。そして、トランスジェンダーへの無理解と、トランスジェンダーがスポーツに参加することへの社会的な抵抗感の強さは、近年のトランスジェンダー女性をめぐる暴力的ともいえるバッシングによく表れている。

また、私が経験した「安全」なスポーツ空間は、結局のところ有効期限がある。女子でありながら、女らしくないことが比較的受け入れられるのは、あくまでそれなりのレベルで競技する若い選手の間だけである。高いレベルでの競技からいったん引退したり、一般的な競技年齢（二〇代前半くらいまでか）から外れたりすると、アスリートであるというアイデンティティは、もはや異性愛規範と性規範から外れることを認める「免罪符」としては機能しなくなるようだ。高校生と大学生（あるいは社会人）では、服装や化粧など自己表現の自由度がかなり違うことも一つの要因かもしれない。

本研究のねらい

もう一度、この研究のスタート地点となる問いに戻ろう。欧米社会に劣らず（ジェンダー格差指数だけを見るとそれ以上に）女性差別的で同性愛嫌悪が強い日本社会において、ジェンダーとセクシュアリティのポリティクスは、女子選手、特に男らしいとされるスポーツをプレーする女子選手の言説構築にどのように立ち現れてくるのだろうか。また、日本の女子選手たち、そしてトランスジェンダーやその他のシスジェンダー[*4]でない選手たちは、スポーツ空間において自身のジェンダーとセクシュアリティをどのように経験するのだろうか。彼女ら、彼らは、性規範と選手生活の間にある緊張関係にどのようにして折り合いをつけているのだろうか。本研究の目的は、これらの問いに対して一つの理論的回答を示すことである。同時に、まだまだ性差別とＳＯＧＩ差別が続く日本社会で、たくましく、かつ創造的に自分の居場所や自身の主体性（subjectivity）を創り出し、性規範を揺るがす選手たちの言葉から、異なるスポーツとジェンダー、セクシュアリティの可能性を探りたい。

これらの問いに答えることは、同時に日本と北米のスポーツ研究に二つの挑戦をすることでもある。一つ目は、北米のスポーツ研究の「白人中心性」である。北米のスポーツ研究は、スポーツにおける家父長制、性差別、同性愛嫌悪の問題と、女子選手、性規範に収まらない「クィア」アスリートの経験について、豊富な研究蓄積がある（例：Anderson, 2005; Cahn, 1994; Caudwell, 2006; Griffin, 1992, 1998; Krane, 1997; Lenskyj, 1986, 1990, 2003; Pronger, 1992; Sykes, 2006, 2011; Sykes & Cavanagh, 2006）。特に、スポーツは男性優位社会、家父長制社会を再生産する重要な文化装置（Mangan, 1986）であり、ゆえに女性差別と同性愛嫌悪が強い空間である。したがって、優れた女子選手たちは、常に「真の女」ではない、ある種の性的倒錯としてステレオタイプ化されたレズビアンではないかという疑いの目を向けられてきた。このことを理論的研究、経験的研究の両方で明らかにしてきたことは、スポーツとジェンダー、セクシュアリティ研究の大きな成果といえる。しかし、メアリー・マクドナルドが指摘しているとおり、スポーツにおける同性愛嫌悪とトランス嫌悪に関する研究は、その大半が白人中流階級の選手たちの経験に基づいたものであり（McDonald, 2005）、帝国主義を維持する文化・教育装置としてのスポーツとの結びつきや、植民地支配を通じて持ち込まれた西洋のスポーツ文化が、その受け取り手となった地域の文化とジェンダーと性のポリティクスとどのような関係性を結び発展してきたのかについては、十分に明らかにされたとはいえない。さらに、北米の大学には世界中から研究者や大学院生たちが集まっているにもかかわらず、西洋諸国以外の国におけるクィア・アスリートの経験について英語で出版された研究は大変少ない。

それにもかかわらず、今日の北米での研究動向を見ていると、性差別とクィア・アスリートたちの周縁化がどのようにつながっているのかを理論化する試みは完了し、研究の焦点はスポーツにおける同性愛嫌悪とトランス嫌悪をどのようにしてなくしていくか、という実践的な部分に移ってしまったように見える。いくつかの有名選手の

「カミングアウト」が続いた後、「スポーツはもう同性愛嫌悪の最後の牙城ではない」[*5]という言葉も聞かれるようになった。しかし、クィア理論がスポーツ研究に応用され、その白人性と欧米中心性が批判されるようになって二〇年以上を経た今日でも、先に述べたような研究の白人中心性の問題は変わっていない。したがって、本研究の一つ目の挑戦は、北米における研究のギャップを少しでも埋め、スポーツとセクシズム、同性愛嫌悪、トランス嫌悪の関係性を、ジェンダーとセクシュアリティ、人種、民族とネイション（国民）のインターセクションから再検討することである。

本研究の二つ目の挑戦は、地勢的、文化的、言語的な差異を横断する理論の応用と翻訳が抱える問題に関するものである。近年、日本の研究者たちも北米の研究と理論に依拠しながら、日本のスポーツにおける同性愛嫌悪とトランス嫌悪問題の調査を進め、性の多様性とスポーツの関係性についてスポーツ関係者らに情報発信を行う努力も始まっている（例：日本スポーツ協会、二〇一七、二〇一八）。しかし、日本の性政治（sexual politics）がスポーツにおける同性愛嫌悪とトランス嫌悪という形で現れるのか、また現れるとしたら、どのように現れるのかという理論的な問いが十分になされているとはいえない。そして、国家主義と帝国主義に取り込まれ広がってきたスポーツの呪縛から、人々の身体をいかに解放することができるのか、フェミニズム理論とクィア理論、ポストコロニアル理論が暴き出す抑圧とそこからの解放への可能性と方策を探るための理論的挑戦は、まだ始まったばかりである。

言語の観点から見ても、研究方法に重要な理論的課題がある。たとえば、「レズビアン」や「トランスジェンダー」、「クィア」、「LGBT」という省略表現は、すべて輸入されカタカナ語化されたもの（あるいはアルファベットそのまま）である。これらの英単語や概念は、日本でも広く用いられるようになった。英語のhomophobiaは「同性愛嫌悪」と和訳されている。昨今ではtransphobiaがそのままトランスフォビアで意味が理解されるようにもなりつつある。しかし、日本社会においてこれらの言葉の理解にはかなり個人差があり、この研究でも選手へのインタビューの段階で微妙な問題をもたらした。二〇一二年から二〇一三年に行った選手たちへのインタビューでは、同性愛嫌悪とは何か、性的マイノリティ、あるいはＬＧＢＴとは何かについて説明をするところから始まったこともある。ほとんどの選手がＬＧＢＴという言葉を聞いたことがあったが、その意味をよく理解していない場合も多く、インタビュー中やその後の分析で発言の意図をめぐって混乱が起こることもあった。

この研究を英語の博士論文としてまとめる際にも、膨大なデータを日本語から英語に翻訳した。つまり、この研究は、理論的枠組みからデータ収集、データ分析、そして書き上げにいたるまで、幾重もの翻訳が積み重ねられている。さらに、本書を執筆するにあたって、英語の博士論文としてまとめた内容を再び日本語化する作業を行っている。これらのプロセスの中で、それぞれの言葉が歴史的にどのように使われてきたのか、どのような微妙な文化的ニュアンスがあるのかを常に意識しながら、それでもしばしばその繊細なニュアンスや歴史に目をつむりながら書き進めなければならなかった。したがって、理論的、概念的、言語的翻訳は、本研究を進める上で一番の難題だったといえる。しかし、ますますグローバル化し、知も人も英語圏からその他の言語圏への一方通行ではなく、多方向に流れる今日、これらの困難と喪失を受け入れてでも書き続けることで、国境を跨いだトランスナショナルなスポーツとジェンダー、セクシュアリティ研究とその方法論をめぐる議論に少しでも貢献できればと思う。

注

1　ジェンダー規範に従っているかを監視し、従っていない場合には、その人のことをじろじろ見たり、ジェンダーについての質問や注意、嫌がらせをしたり、ときには性暴力を含めた、精神的、身体的暴力によって規範に従うよう仕向ける行動。

2 同性愛嫌悪（Homophobia）とは、同性愛や同性愛者と見なされた人に対する幅広いマイナスな態度や感情を指す。この感情には反感、軽蔑、偏見、嫌悪、不合理な恐怖などが含まれる。

3 トランス嫌悪（Transphobia）とは、トランスジェンダーや社会における性規範から外れる者に対する幅広い敵対的態度や感情のこと。

4 「シスジェンダー」は、出生児に判定された性別に違和感を持たない人を指す。対義語はトランスジェンダー。

5 http://www.psmag.com/blogs/news-blog/sports-no-longer-last-bastion-of-homophobia-56665/

第Ⅰ部　いくつかの前提

第一章　本研究の位置付けと理論的枠組みの検討

1　スポーツとセクシュアリティ

本研究の具体的な分析に入る前に、女子選手やクィア・アスリートがスポーツ空間をどのように経験するのか、その経験を生み出すジェンダーとセクシュアリティに関する社会規範はどのようなものであるのかについて、先行文献を見ながら整理する。特に北米を中心にこの問題に関する豊富な研究が蓄積されているので、それらのアプローチを整理し、また日本における女子選手とトランス選手がいかに言説的に構築され、主体性が構成されるかについて分析する上で有用な理論や概念をまとめる。

北米におけるスポーツとセクシュアリティ研究

第二波フェミニズムの流れにのり、一九七〇年代から北米のスポーツ研究でも、スポーツにおけるジェンダーとセクシュアリティの問題が取り上げられるようになる。スポーツとジェンダー研究の誕生である。これらの研究の中で、ヘゲモニックな男性性やミソジニー、同性愛嫌悪（例：Cahn, 1994; Griffin, 1998; Lenskyj, 1986; Pronger, 1992）、同性愛否定主義（homonegativism）*1（Krane, 1997）、トランス嫌悪（例：Sykes, 2006, 2011; Sykes

& Cavanagh, 2006）が、スポーツを構成し、またスポーツにより構成される複雑な権力基盤（matrix of power）を解明してきた。また、フェミニスト研究者たちは、異性愛主義や同性愛嫌悪、同性愛否定主義とレズビアンのステレオタイプが女子選手たちの言説構築に重要な役割を果たし、男らしい（masculine）スポーツほど特にその傾向が強いことを明らかにした（Griffin, 1992; Krane, 1997; Lenskyj, 1990）。スーザン・カーン（Cahn, 1994）は、米国における「男のようなレズビアン」というステレオタイプがどのように生まれ、女性のスポーツ参加に影響を及ぼしてきたのかに焦点を当てて、米国の女性スポーツの歴史を詳細に掘り起こした。その中で一九三〇年代以降、米国社会においてスポーツが得意な女性たちが「異性愛の発達に失敗した者（failed heterosexuality）」として構築され、その後に「男のようなレズビアン」という言説が医学会や一般社会に広がったことを明らかにしている。こういった研究を通じて、一九九〇年代の終わりごろまでには、スポーツや体育のフェミニスト分析においてセクシュアリティ問題の重要性が認識されるようになっていった。

一九九〇年代までの研究においては、「スポーツにおける女性」や彼女らの経験を詳細に描き出す「説明的」（Birrell, 2000）なものが中心であった。その後、マスキュリニティ（男らしさ）がいかに権力と結びついているかに注目した研究が登場してくる。これらの研究では、ジェンダー関係がスポーツを通じてどのように生産、抵抗、変革されてきたか、スポーツがいかにヘゲモニックな男らしさ（hegemonic masculinity）、男の優位的立場と女の従属を生み出す家父長制イデオロギーを生産する場であるのかを明らかにした（例：Birrell, 2000; Connell, 1995; Krane, 1997; Messner, 1992, 1997; 2002, Messner & Sabo, 1990）。スポーツのジェンダー研究で大きな功績を残したジェニファー・ハーグリーヴスは、スポーツは男のヘゲモニーが生産される文化闘争の場であり、またスポーツ文化そのものが男女の不平等な権力関係が維持される続けることに依存した文化であると述べている

(Hargreaves, 1986; 1994)。その一方で、ヘレン・ジェファーソン・レンスキーは、女がスポーツに参加することは、男のヘゲモニーが依拠する男女間の「自然」な境界線を不明瞭にする可能性を秘め、それゆえに家父長制社会の脅威となると説明する（Lenskyj, 1986, p. 35）。

一九八〇年代中頃から、このようなスポーツにおけるジェンダーと権力に関する分析はセクシュアリティの研究へと発展する。その中で、女性のスポーツ参加が一八世紀中頃から増加し、スポーツや運動に取り組む中流階級の白人女性たちの身体が医学においても精査の対象となり、またそれを通じてコントロールされてきたことが明らかにされた（Vertinsky, 1990）。女性の生理や妊娠、出産、閉経などの生殖機能やプロセスが病理として、また女性固有の「弱さ」の証拠として言説的に構築されることで、激しい運動やスポーツは女性に適さないと見なされた。さらに、二〇世紀初頭の生気論生理学者たちは、「人体のエネルギーは、『活力』に由来するがゆえに限りがあり、再生不可能であるから、家族と神、または国家への奉仕目的で使われるべきであり、スポーツなどの余暇活動には使われるべきではない」と説いた（Lenskyj, 1986, p. 19　筆者訳）。

スポーツをする女の性に関する懸念は二〇世紀を通して継続した。一九三〇年代から、女子選手の連帯やパワフルで高い技能、自信にあふれたパフォーマンスと態度は、「失敗した異性愛（failed heterosexuality）」（Cahn, 1994, p. 165）を暗示するものと見なされるようになった。一九二〇年代に登場した「男のようにたくましい女は優れた父親となる男を惹きつけることができない」という言説は、一九三〇年代からは「失敗した異性愛」へ、そしてレズビアンであることを疑う言説へとシフトしていった。

これらの言説シフトのタイミングは、国際競技大会において、たくましい身体を持ち、優れたパフォーマンスを見せる女子選手に対して性別疑惑がもち上がるようになり、後に「性別確認検査」として正式に導入されることになる検査のプロトタイプが作られる時代と重なる。女子選手の目覚ましい競技力の向上は、ジェンダー規範を脅かし、強制異性愛と男支配が依拠する「生物学的」なジェンダー差を撹乱するようになったのである（Lenskyj, 1986, p. 87）。

スポーツ・メガイベントとジェンダー、セクシュアリティ

一九六〇年代から国際競技会に出場する全女子選手に対して会場で性別確認検査が行われるようになったことは、こうしたジェンダー不安あるいはジェンダー「パニック」を如実に表すものであると同時に、その時代に進んだ染色体と遺伝子に関する研究が生み出した性の言説を反映したものでもある。そして真新しい科学知とテクノロジーを動員して女子選手に紛れる「男子選手」を見つけ出そうとしたこの検査は、導入直後からその科学的、社会的、政治的意味合いとジェンダーに関する想定が選手や活動家、科学者からも厳しく批判されてきた。医学界にはこの検査に対して科学的倫理的立場から反対する者もいた（例：Chapelle, 1986; Elsas, Hayes & Muralidharan, 1997; Ferguson-Smith & Ferris, 1991; Lemke, 2005; Ljungqvist & Simpson, 1992; Simpson, 1986; Simpson et al., 1993, 2000）。しかし、医学的知見からの批判の多くは、選手にはどうすることもできない「障害」あるいは「病理」を理由に選手が処罰を受けるのはおかしいという論調が中心的で、「高度に」男性的（masculine）な女子選手は「普通ではない」という考え方そのものを批判したものはほとんどなかった。この傾向は、二〇一三年の「高アンドロゲン症規定」導入をめぐる医学会の議論にも見られる。

しかし、南アフリカのキャスター・セメンヤ選手をめぐるメディア報道と、ジェンダー規定の正当性と人権侵害についてスポーツ仲裁裁判所で争われた二件の裁判（デュティ・チャンド選手対ＩＡＡＦ、キャスター・セメンヤ選手対Ｉ

ＡＡＦ）により、この流れは変わりつつある。世界医師会（ＷＭＡ）は二〇一九年四月二五日チリで開かれた評議会において、高アンドロゲン症規定は国際医学倫理と人権基準に反するとして、国際陸上競技連盟（ＩＡＡＦ、現在のワールドアスレティックス）にその規定の運用を即時停止するよう求めた。同時に世界の医師たちに対し、高アンドロゲン症規定に基づいた検査や非倫理的な「治療」を行わないよう呼びかけた（World Medical Association, 2019）。さらに二〇二〇年六月には、国連人権委員会（ＵＮＨＲＣ）が「スポーツにおける人種とジェンダーのインターセクション」というタイトルのレポートを発表し、以下の六つの点において人権を侵害している恐れがあると指摘した。

1　拷問及び他の残虐な、非人道的な又は品位を傷つける取扱いを受けない権利
2　労働の権利、公正かつ良好な労働条件を享受する権利
3　達成可能な最高水準の健康を享受する権利
4　性と生殖に関する健康の権利
5　誰もが自分のプライバシーを恣意的に干渉されない権利
6　個人の尊厳、身体的完全性、身体的自主性を尊重される権利

人種とジェンダーのインターセクション、つまり差別が複合的に機能する地点にいる選手たち、たとえば発展途上国の貧しい地域から来た非白人の女子選手の場合、家族やコーチの無理解や経済的、地理的条件によりスポーツにアクセスできないなど、スポーツに参加すること自体に何重もの困難がある。また、それらの障壁を克服し、大きな大会に出場し、スポンサーや賞金を獲得し、給料を得ることは、自身だけでなく家族の生活を支える上で非常に

重要な収入となる。それゆえに、性別確認検査や高アンドロゲン症規定は身体や性、生殖、プライバシー、尊厳といった側面からだけでなく、労働の側面からも人権侵害が指摘されているのである（井谷、二〇二〇）。

身体の多様なジェンダー化が病理と見なされる傾向は、トランスジェンダーの選手の出場権を定めた規定をめぐる議論にも見られる。*2 ヘザー・サイクスは、トランス選手の出場規定は欧米社会のトランス嫌悪がその根底にあると主張する（Sykes, 2006）。この規定の正当性は、競技の公平性、女子選手の安全性、トランス選手の人権という観点から説明されている。これについてIAAFや国際オリンピック委員会（IOC）が人権を重んじた進歩的決定を下したと歓迎する意見も多くある一方で、これはあくまで「二元的な性別指定を維持するための新しい規律技術でしかない」と断じる見方もある（Cavanagh & Sykes, 2006, p. 77）。

プライドハウス　バンクーバー冬季五輪で史上初のプライドハウスが設置された（PUBLIC Journal Mega-Event Cities, Jun, 7, 2016. p140-147）

二〇〇〇年代に入っても「男っぽく」見える女子選手がレズビアンやトランスジェンダーであるという疑惑が絶えずつきまとい、女子選手やＬＧＢＴＱの選手たちの生活を困難なものにしてきた（Clarke, 2002; Symons & Hemphill, 2006）。同時にＬＧＢＴＱコミュニティやスポーツ統括団体などが同性愛嫌悪やトランス嫌悪の問題に取り組み始めてもいる。二〇一〇年のバンクーバー冬季五輪大会では「プライドハウス」が設置された。これはオリンピックの公式パビリオンではなかったものの、オリンピック開催都市でゲイやレズビアンの選手やその家族、友人、ファンたちが自由に集える場として設置された初めての試みであった。特に二〇〇〇年代以降、スポーツとジェンダー問題に取り組む様々な団体がスポーツにおける同性愛嫌悪とトランス選手の参加枠組みの問題に取り組み、声明を発表し[*3]、教育プログラムの作成[*4]なども行ってきた。

こういった活動のグローバルな広がりを強く感じさせるある出来事が、二〇一四年のソチ冬季五輪大会の直前に起こった。大会があと半年ほどに迫り、世界の目がロシアに注がれる中、ロシア議会は通称「反同性愛プロパガンダ法」を可決したのである。同性愛を「広める」行為を犯罪として処罰するこの法律により、たとえばオリンピック期間中に選手や関係者が自身がゲイであることを語ったり、ＬＧＢＴの尊厳の象徴である六色の虹色の旗などを身につけたりするだけで処罰される可能性が生まれた。これに対して主に欧米諸国から強い批判が巻き起こった。ボイコットを呼びかけたり、出場や観戦の際にあえて虹色のものを身につけたりすることで抗議しようという呼びかけが広がった。またオリンピック憲章を引き合いに出して、ロシアに対し圧力をかけるようＩＯＣに求める声もあった。実際にソチ大会では一部の選手が虹色のものを身につけるなど、様々な抵抗が試みられた。結局ＩＯＣは、ソチ大会が終了するまで何のアクションも起こさず、大会終了後にようやく五輪憲章が掲げる差別禁止条項に性的指向が加えられた。もっと早くこの憲章の改変ができたはずだが、結局のところＩＯＣにとっては、ゲイ・レズビアンの権利よりもロシアと揉めることなく大会を開催するほうが優先事項であったのだろう。

こういった変化は見られるものの、性別確認検査や高アンドロゲン症規定によって出場資格を剝奪される選手がいまだに存在し、ゲイやレズビアン、トランスジェンダーであることを公表している選手がしばしば大きなバッシングや、好奇あるいは悪意に満ちた詮索の目に晒され続けている。このことは、スポーツ界がいかに異性愛主義と性別二元制、そして女を二流アスリートとするジェンダー秩序を維持しているかを物語っている。

枠組みの脱植民地化

スポーツにおいて同性愛嫌悪に反対する運動が活発化し、国際的な広がりを見せる一方で、欧米以外の社会でスポーツとセクシュアリティの政治がどのように立ち現れるのかについて書かれた文献のうち、英語でアクセスできるものは数少ない。また、欧米における研究や問題枠組みが西洋世界以外にもそのまま適用される状況を批判する動きもある。たとえばハリタウォンらは、西洋の目から見て「ゲイ・フレンドリー」であり、「人権」意識が高いことがその国や民族の「先進性」を測るものさしとして使用されることを指摘する。また、先進的でゲイ・フレンドリーな「西洋」と、ホモフォビックで後進的な「東洋」を差異化することで植民地主義的、帝国主義的態度を正当化し拡大することを「ゲイ帝国主義」と呼び批判している（Haritaworn, Tauqir, & Erdem, 2008）。

この批判をスポーツに当てはめて考えると、オリンピックをはじめとするスポーツ・メガイベントにより、その開催国でさらなる植民地化が進むことを懸念する抵抗運動がある。その一方で、しばしば白人を中心としたゲイ・レズビアン団体がスポーツ・メガイベントに進んで参加し、反植民地化運動やその他スポーツ・メガイベントによる生活破壊への抵抗に連帯しないプライド・ハウスのような活動がある。こういった運動は、メガイベントへの愛国的参加を通じて市民権を獲得することで、その国が進める植民地化政策と共犯関係を結ぶことが指摘されている（Davidson, 2013; King, 2009; Sykes, 2011a, 2013, 2014）。これらの研究が指摘するとおり、スポーツにおけるＳＯＧＩ差別について考えるとき、歴史的に「先進性」「後進性」の言説が植民地主義的、帝国主義的態度を正当化してきた過去を認識し、どのような枠組みでＳＯＧＩ差別に取り組んでいくのか、どのような抵抗運動、人権運動と連帯していくのかを慎重に検討する必要があるだろう。

スポーツに関する知の生産を通じて脱植民地化あるいは反植民地主義の取り組みに加わる方法には、こうした批判的研究の他に、非西洋地域においてジェンダーとセクシュアリティの規範がスポーツの中で国民アイデンティティや民族の政治と交差しながらどのように立ち現れるのかを明らかにする方法がある。地域ごとのユニークな問題の所在を明らかにし、特定の民族や文化に「後進性」を書き込まない批判枠組みを発展させていくことなしには、「ゲイ帝国主義」のように知の生産を通じた抑圧の再生産を繰り返してしまうだろう。

日本におけるスポーツとセクシュアリティ研究

では、こういった欧米のスポーツ研究の外側に位置する日本の状況はどうだろうか。二〇〇六年に開催された第四回ＩＷＧ世界女性スポーツ会議の準備としてＮＰＯ法人ジュース（Japanese Association for Women in Sport）が一九九八年に設立され、二〇〇二年にはスポーツにおけるジェンダー問題の研究を推進する日本スポーツとジェンダー学会（ＪＳＳＧＳ）が誕生した。以降、日本でもジェンダーとセクシュアリティの視点からスポーツをめぐる様々な問題についての研究が進められてきた。

日本のスポーツにおける異性愛主義は二〇〇〇年代から議論されてきたが、実証的調査により性的マイノリティを自認する人々のスポーツや体育経験に関する実態が明らかになってきたのは二〇一〇年以降である。こういった研究の先駆けとなった風間らによる調査では、欧米の先行研究で指摘されてきた抑圧や阻害経験が報告されている（風間他、二〇一一）。この調査では、「性的マイノリティ」であることを自認する協力者にスポーツと体育に関するアンケートを行っている。その結果として五九％の人が性規範に従わなければならないというプレッシャーを感じたことがあり、八〇％の人がスポーツと体育の「雰囲気」が異性愛規範の強い空間であると回答している。また、六％の人が同性愛に関するネガティブなコメントを耳にしたことがあり、中には女性がサッカーのように「男らしい」とされるスポーツに参加することは性規範から外れることであり、そういった女性に「レズビアン」というラベルが使われていると回答する人もあった。さらに、スポーツ空間（たとえば更衣室やシャワールーム、チームやユニフォームなど）の性別二元制を理由にスポーツに参加することを諦めたと回答した人もいた。これらの結果は、日本のスポーツと体育における異性愛主義と性別二元制、それが引き起こす阻害・抑圧経験が、北米で報告されているものと共通点が多いことを示している。

もう一つ、日本のスポーツ空間における同性愛に対する態度についての飯田貴子（二〇一一）の研究では興味深い報告がなされている。この調査では異性愛を自認し、競技スポーツに関わっている二〇代の若者に性的マイノリティの選手に対する認識や経験について、さらに日本のスポーツ文化における性規範についてインタビューしている。この調査で明らかになったことの一つは、「男っぽい女子選手」は肯定的に捉えられる傾向がある一方で、「女っぽい男子選手」は否定的に捉えられることである。また、スポーツにレズビアンの選手が存在することに対する認知度は、ゲイの男子選手に対するものより高く、また肯定的なものであった。この結果について飯田は、イヴ・セジウィックのホモソーシャル理論を応用し、女の同性愛は男の社会的支配を脅かさない一方で、男の同性愛は男同士の絆に隠された性的衝動を暴露することで、女のセクシュアリティに対する支配力を損なう可能性があるからであると説明する。

これらの研究は、欧米中心の研究結果と説明枠組みが日本でもある程度応用できることを示しているが、同性愛嫌悪の現れ方に欧米との差異も見られる。また、トランスジェンダーの選手やＬＧＢＴカテゴリーに当てはまらないと感じている人々の経験についてはまだほとんど明らかにされていない。量的調査により抑圧・阻害経験の傾向は明らかにされつつあるが、そういった経験の詳細についての質的調査はほとんど存在しない。そして、これらの傾向を説明する理論枠組みは、ほとんどが欧米の理論をそのまま当てはめたものであり、これからの発展が望まれる領域である。

女らしさの規範を揺さぶるスポーツ

合場敬子の女子プロレスラーをめぐる一連の研究（合場、二〇〇七、二〇〇八、二〇一〇、二〇一三）は、「男らしい」スポーツをする女性と性規範の関係性を詳細に分析しており、示唆に富んでいる。これらの調査では、女子プロレスラーたちへのデプス・インタビューを通じて、レスラーの身体と身体技能をめぐる言説を明らかにしている。女子プロレスは、性規範を超える、あるいは撹乱するような身体と、異なる身体文化の可能性を含んでいると合場は論じている。大きく強く、激しい格闘技に耐える身体が必要な女子プロレスの世界では、それが魅力的な身体、望ましい身体として捉えられる、すなわち社会における性規範とは異なる望ましい女のあり方、女の身体のあり方を可能にする空間となるのである。ただし、レスラーたちが自身の身体性と性規範の関係性についてどのように理解しているのかはとても多様であり、また撹乱的な側面が女子プロレスという独特の文化の中に留まることで、広く日本社会で性規範を積極的に揺るがすような契機とは必ずしもならないという慎重な見方も述べている。

もう一つ、「男っぽい」身体性あるいは競技性を持つスポーツをする女性たちと性規範の関係性を考える上で合場の研究が興味深いのは、レスラーたち自身が自分の身体や技能についてどのような意味付けを行い、それがどのように彼女らのジェンダー化された主体性（Subjectivity）を形作っているかについての考察である。レスラーたちは、日々のトレーニングによって培われた自身の身体的精神的強さを肯定的に捉えている一方で、それが女らしさに関わる社会規範から外れるものであるという点に関しては否定的に捉えていた。たとえば、レスラーたちは「可愛らしい」服はほとんどのものが小さいサイズしか販売されていないため、そういった服を諦める傾向があった。また彼女らの大きく筋肉質な身体によってしばしば男と間違われることがあり、トイレや女性専用車両といったジェンダーが分離された空間が居心地の悪い思いをすることにつながっていた。合場は、レスラーたちの強い身体と格闘技術は性規範を揺るがし撹乱する一方で、自分のジェンダーを間違われたり、社会規範から外れたりすることが自己認識に否定的な影響を及ぼしていると述べる。これらの合場の考察は、日本における「女らしい」身体の輪郭を浮き彫りにするとともに、性規範から外れるたくましい身体が同時に必要とされるスポーツ空間で女子選手たちがどのようにそのギャップと折り合いをつけているのかについての一例を示している。

これらの日本社会と性規範に関する研究から明らかになってくるのは、「女らしさ」をめぐる社会規範とスポーツにおける規範の間にある緊張関係である。スポーツで活躍するために、怪我をしないために、身体を鍛え上げる必要がある。大きな筋肉を発達させることもしばしばあり、見た目が女性的でないと見なされるがゆえに同性愛嫌悪的、あるいはトランス嫌悪的嫌がらせにあったり、女性に限定された空間で性別を男と間違われたりすることで非常に居心地の悪い思いをすることがある。その一方で、性規範から外れた身体性を身につけることが必要とされるスポーツ空間では、性規範との緊張関係が「ジェンダー・トラブル」の大きな契機ともなりうるのである。ただ、性規範からの逸脱がスポーツに必要である、という言説は逸脱をスポーツという空間とアスリートである期間に限定してしまうという限界もある。そのような可能性と制限の中で、日本のスポーツはクィア・アスリートにどのような自己表現と主体性の可能性を開くのだろうか。

2　国民、身体、ジェンダー

国民主義は典型的に男性化された（masculinized）記憶と羞恥、希望から生み出される。
——シンシア・エンロー（Enloe, 1989, p. 44）

ベネディクト・アンダーソンは国民国家を「想像の政治的共同体」（Anderson, 1983）と定義し、その構成員は、その共同体に対して精神的な帰属イメージを持つとした。アンダーソンの理論による国民国家は近代の帰結として生み出された社会的構築物である。その構成員のほとんどは互いに顔を合わせたことがないという意味で国民国家は「想像された」ものである。そしてすべての国民はジェンダーの構築に依拠しているゆえに、すべての国民主義はジェンダー化されている（McClintock, 2005; 上野、一九九八）。

ゲオルゲ・モッセは、理想の男らしさの象徴的イメージと鍛えられたアスリートのような身体は、ある種の世俗的宗教のような形を取った近代の国民国家建設の重要な一面であると指摘する（Mosse, 1975）。大衆の崇拝が国民の崇拝になり、国民の神話や伝統を生み出したのである（ibid., p. 2）。大衆の国民化に関する自身の論考を拡大し、モッセは、「民衆神話の具象化であるシンボルは、民衆にアイデンティティを与える。（中略）国民主義はその始まりをロマン主義と同じくしており、シンボルをその政治様式の本質とした」（モッセ、一九九四、一八頁）と述べる。高い運動能力を持ち（athletic）、国民化され（nationalized）、男性化された（masculanized）身体は、オリンピックのような国際的なスポーツイベントの根幹をなし、そこで国民や人種、民族の優越性が競われるのである

(McDonald, 2007; Levent, 2004)。

モッセはまた、尊敬されるに値する特質を持つ男たちが理想的な男として構築され、古代ギリシャのオリンピアンの彫刻のように鍛えられた身体がその象徴となった一方、男らしさの象徴となったスポーツ選手のような身体を持つ女性たちは社会に対する脅威を象徴するようになったと論じる(Mosse, 1985)。国の解放をかけて戦争で戦うために男装したり、スポーツで活躍したりするために「理想の男らしさ」を具現化した女性たちは、男の領域を侵犯し、尊敬される男としての理想を脅かすと考えられたのである。モッセはまた次のように述べている。

(結局はエロティックな刺激として利用されたであろう)女子スポーツ選手あるいは少女戦士を度外視したとしても、男性性に付随すべき英雄的精神を示さずに男の衣裳や振る舞いを模倣するだけなら、そうした「男っぽい」女性は変態として糾弾された。また、レズビアンの場合のように、元来のジェンダーの役割が回復されるハッピーエンドの展望が見出せない場合、そうした男っぽい女性は社会的脅威と目された。

(モッセ、一九九六、一三〇―一三一頁)

モッセのこの議論では東アジアや北米について触れているわけではない。しかし、日本の近代スポーツと体育の歴史が欧米列強によるアジアの植民地化に対するリアクションとして発達し、日本の国民主義とファシズム、そして植民地主義に果たした役割を考えると、モッセの論考は日本の文脈について考察する際に重要な示唆を与えてくれる。

スポーツを通して作られるジェンダー化された「想像の共同体」

国民国家を想像の共同体として、また国民と国民主義をジェンダー化されたものとして概念化することは、現在の東アジアにおける国家主義の再／生産の場としてのスポーツとそのジェンダー・イデオロギーを分析する上でも有用である。東アジアにおけるスポーツと「国民アイデンティティ」の関係性について様々な研究が行われてきたが、特にオリンピックなどのスポーツ・メガイベントの開催や参加は、近代化された強国としての国民国家イメージを構築し、それを内外に宣伝し、また国際社会への帰属意識と同時に民族意識を高める契機となってきた(Hogan, 2003, 2009; Joo, 2012; Manzenreiter, 2006; Xu, 2006)。東アジアにおけるスポーツを通じた「新しい」近代化された国民アイデンティティの構築プロジェクトは、「ローカル」と「西洋」、「民族の伝統」と「先進性」という対立し合うかに見えるシンボルを巧みに組み合わせてきた(Hogan, 2009; Joo, 2012)。また、家父長制に基づくジェンダー秩序と性規範は国民アイデンティティの根幹をなし、特にスポーツ・メガイベントにおいて「男らしい」男子選手、「女らしい」女子選手が自国や自民族の象徴として表象されることで、ジェンダー化された国民アイデンティティが強化されていく。

しかし、スポーツで鍛え上げられたマスキュリニティを体現する女子選手が、こういった国民アイデンティティの構築にどのような役割を果たすのかについては明らかにされていない。また、近代という文脈において、日本をはじめとする東アジア諸国は西洋を追いかける形で国民国家建設とその勢力拡大を目指していた。国際舞台で活躍し、国威発揚に大きな役割を果たす女子選手たちは、性規範から「逸脱」していたとしても、単なる「脅威」として片付けてしまうことのできない存在であった。日本の女性として初めてオリンピックに出場し、見事にメダルを獲得しながらも若すぎる死を遂げた人見絹枝の人生は、国内のジェンダー秩序と世界的な覇権争いにおけるアスリートの役割の間にある緊張関係が欧米とは異なる言説を生み出す可能性を示唆している。

この可能性について、マクリーの「ジェンダー化された国民主義」(McCree, 2011)に関する論考が興味深い。マクリーは、トリニダード・トバゴの事例からスポーツメディアのジェンダー表象において、女子選手は「〔スポーツ〕国民主義から排除または周縁化、不可視化される」という「ジェンダー化されたメディア・スポーツ国民主義」理論の問題点を指摘する(ibid., p. 344)。マクリーはトリニダード・トバゴの女性のボクシングスターであったジゼール・サランディの死をめぐるメディア言説を分析し、メディアが彼女の性的そして魅力的な側面にばかり焦点を当てるといった「社会慣習的なジェンダー表象の方法」を用いていたことを明らかにした。その一方で、彼女の「強くパワフルで、美しくセクシーで優しい」国民的ヒーローとロールモデル

人見絹枝　岡山県出身の陸上選手。1928年、アムステルダム五輪の女子800mで銀メダルを獲得。日本人女性初のメダリストとなった。女子陸上に対する社会の冷たい目を変えようと奔走したが、厳しいスケジュールにより体を壊し、乾酪性肺炎で死去。享年24歳。写真＝アムステルダム五輪の女子800m走でリナ・ラトケ(右)と競り合う人見絹枝(左)

としての混合的な表象は、性規範を再生産すると同時にそれを揺さぶるものでもあると述べている。ボクシングは長く男の領域と考えられ、オリンピックに女子競技として追加されたのは、二〇一二年になってからである。そこで活躍した女性の「強さ」は、文字通り敵を叩きのめすことのできる力であり、そういった力を持つ女性をいかに国民アイデンティティの中に組み込んでいくのかという観点から興味深い例である。しかし、もしサランディが社会一般に「セクシー」で「魅力的な女性」と表現されない女子選手だったら、彼女についてのメディア言説はどのようなものになっただろうか。マクリーが反証しようとした「ジェンダー化されたメディア・スポーツ国民主義」理論のとおり、周縁化されてしまう、あるいは不可視化されてしまう可能性はなかったのだろうか。

日本の国民主義とジェンダー

日本の帝国主義とその帰結としての第二次世界大戦に対する反省から、これまで日本の国民主義について多くの研究がなされてきた。また、スポーツで身体を鍛え教育する体育政策が日本の植民地主義政策や国民主義にどのような役割を果たしたのかについて、興味深い研究がなされている（例：入江、一九八八、一九九三、西尾、二〇〇三）。鈴木貞美（二〇〇五）は、日本の国民アイデンティティと国民主義の系譜を分析し、明治の開国以来、日本政府と知識階級は「西洋」と「東洋」が出会う文化的接続点となるために「日本文化」や「日本の伝統」を発明してきたと指摘する。また鈴木は「日本」のアイデンティティ構築は、一方でその独自性を日本とアジアの伝統文化に求め、その一方で西洋の経済、政治、教育、軍事システムと技術を時には新たに作り直しながら取り入れていくという多重で流動的なプロセスであったと述べる。「日本」と「アジア」の文化を「特殊」かつ「優れた」伝統として構築または発明する言説は、徐々に「西洋の帝国主義を克服する」という言説にシフトし、それが日本の侵略を正当化する語りとなっていった（鈴木貞美、二〇〇五、二五二頁）。

またシマズらは、複雑かつ複数的な日本の国民主義のあり方を示すことで「論争の余地がないように見える〝日本〟の民族（ナショナル）アイデンティティの単一性」に異議を唱える（Shimazu, 2006, p. 182）。シマズは、日本の国民主義が複雑、複数かつ混合的であるにもかかわらず、近年の新保守による国民主義の発露は、「戦前の国民主義を一元的でそのほとんどを靖国神社や国定教科書、道徳の教科化といったセンセーショナルで効果的な戦前戦中のシンボルに依存している」（Shimazu, 2006, pp. 183-184　著者訳）と指摘する。歴史修正主義知識人や保守派による「第三次教科書問題」は、グローバル化による日本の国民アイデンティティに対する脅威への反応であるという指摘もある（Rose, 2006）。

ジェンダーの観点からは、軍隊そのもののジェンダー構造や戦時の性暴力の問題、そして戦争被害者としてだけではなく、日本の国民主義や帝国主義を支えた女性たちの共犯性についても多くの研究がなされている。フェミニスト研究者らはまた、「国民アイデンティティの希求」、国民主義、そして国民国家の構築はすべてジェンダーの構築によることを明らかにしている（例：Enloe, 1989; McClintock, 1993, 1995）。日本の近代国民国家建設において、日本女性と植民地として支配された他者とが「伝統」と女性性（femininity）を背負わされた（鄭、二〇〇三、朴、二〇〇七）。様々な日本の国民主義思想家たちによる「日本」の国民アイデンティティ構築には、「文明」と「文化」、「物質」と「精神」、「普遍」と「特殊」といった性質が異なりつつも絡み合った複数の日本の「心象」と立ち位置が含まれているという指摘もある（鈴木、二〇〇五、朴、二〇〇七）。明治時代から始まった本格的な西洋文明との折衝を通じて、欧米列強の植民地主義に対する日本の対向的国民主義言説を生み出すとともに、欧米諸国に侵略され、植民地化されるのではないかという恐怖心が醸成された（朴、二〇〇七、六五頁）。朴は、その恐怖心と自民族への誇りと尊厳に対する願望の結合が「オリエンタリズムと国民主義の結託」（二〇〇七、六五頁）を生み出したと述べる。

日本の国民主義の系譜に関するこれらの分析は、たとえば「近代」と「伝統」、「西洋」と「アジア」、そして「普遍性」と「特殊性」といった一見すると本質的に異なる二元的なあり方を複雑に編み上げながら、いかにして日本が「想像の共同体」として構築されてきたのかについて、重要な示唆を与えてくれる。また、国民国家建設と国民主義の言説をジェンダー視点から分析することは、国民主義言説が日本人女性と日本人女子選手とどのような関係性を築くのかについて分析する上でも重要である。それは、日本の女子選手が「男らしい」とされるスポーツで世界的な活躍をしたときに行われる国を挙げての祝福は、強さと世界からの認知に対する欲望によって裏打ちされ、それが女性と他国を支配するという家父長的、帝国主義的欲望を内包していることを見せてくれるからである。

注

1　ヴィッキー・クレイン（Krane, 1997）は、スポーツにおける性的指向に基づいた差別の形態は、一般にいわれる不合理な恐怖に基づいた「同性愛嫌悪」ではなく、「同性愛否定主義」と表現されるべきだと主張する。その中でクレインは、スポーツにおいて同性愛嫌悪は単なる個人の感情ではなく、女性が活躍することを恐れるようにすることで活躍機会を奪い、また女性の功績を矮小化する構造として捉えられるべきだと述べる。

2　国際オリンピック委員会（ＩＯＣ）は、二〇〇三年に「二〇〇三年スポーツにおける性別転換に関するストックホルム・コンセンサス（The 2003 Stockholm Consensus on Sex Reassignment in Sports）」を発表し、国際的なスポーツ統括団体として初めてトランスジェンダーの選手の出場規定を定めた。

3　たとえば、Women Sport International (2011, September). *The transgender athlete*. [http://womensportinternational.org/index.php/historical-archives/] や、Canadian Association for the Advancement of Women and Sport and

Physical Activity [http://www.caaws.ca/homophobia/e/index.cfm]、Women Sport International [http://www.sportsbiz.bz/womensportinternational/taskforces/wsi_position_statement.htm]、UK Sport [http://www.sportengland.org/about_us/our_news/new_charter_tackles_homophobia.aspx/] がある。

4　レズビアンであることを公表しているビリー・ジーン・キングによって創設されたWomen's Sport Foundation は、It Takes A Team など、スポーツにおけるＳＯＧＩ差別解消に向けた教育プログラムや資料を作成、配布している。参照：http://www.womenssportsfoundation.org/sitecore/content/home/athletes/for-athletes/know-your-rights/coach-and-athletic-director-resources/about-itat.aspx

第二章　「男性的」スポーツをする日本女子選手の主体へのアプローチ

1　「男性的」スポーツ——なぜサッカーとレスリングか

この研究では、日本で慣習的に「男らしい」、あるいは「男のスポーツ」と考えられてきたスポーツに参加する女性アスリートたちに注目した。そのようなスポーツは、概して男らしさとしばしば関連付けられるスピードとパワーを強調し、長い間、日本においては女性が参加する一般的なスポーツとは考えられてこなかった。その中でも、以下の条件と状況から、サッカーとレスリングを研究の対象とした。

1　バランスや美しさ、柔軟さよりもスピードとパワーを強調し、激しい身体接触を伴うスポーツである。

2　スポーツの特徴に関するこれまでの研究の中で「男性的」なスポーツとして分類されるスポーツである（例：Koivula, 2001）。

3　これらのスポーツは、近年になってからオリンピックの女子種目として追加された。したがって、女子種目としての主要メディアでの取り扱いの歴史が浅い。

4　これらのスポーツにおいて女子選手たちがオリンピックやW杯、世界選手権などにおいてメダルを獲得したことで、近年日本の大衆から大きな注目を集めた。

女子サッカーと女子レスリングの日本代表チームは、短い期間にメディア言説がそこで活動し活躍する女子選手らを矮小化から認知、そして祝福へと大きな変化を見せた興味深い事例である。本研究を開始した当時、サッカーとレスリングが男性的なスポーツであると社会的に認識されているという前提が誤りである可能性も想定していた。しかし、メディア言説の分析と選手へのインタビューは、日本社会においてこれらのスポーツが「男性的な」、あるいは「男の」スポーツとして認識されてきたことを裏付けた。さらに、近年の日本女子選手の目覚ましい活躍により、これらのスポーツにおける女子選手たちとロールモデルがより可視化されるようになったにもかかわらず、これらのスポーツに選手登録している女子選手の数は、同種目の男子選手に比べてはるかに少ない。また、それは他の一般的に女子も参加するスポーツとして広く定着しているバレーボールやバスケットボール、柔道、剣道などに比較しても極めて少ない（表2-1）。

2　理論と解釈の枠組み

ジェンダーとセクシュアリティ、人種、民族、そして国家の言説が複雑な権力と知のマトリクスの中でどのように構築され、人々が世界との関係性の中で自分たち自身をどのように理解し、アイデンティティのカテゴリーや規範をどのように生き、またそれに抵抗し、折衝してきたのかについて分析する上で、ポスト構造主義理論、ポストコロニアル理論、フェミニスト理論、そしてクィア理論は非常に有用な分析と解釈の枠組みを与えてくれる。同様

表 2-1

スポーツ	計	男	女	女性の割合(%)
サッカー	**927,671**	**888,783**	**38,888**	**4.2**
バスケットボール	615,458	338,628	276,830	45.0
バレーボール	395,730	130,092	265,638	67.1
レスリング	**10,130**	**8,788**	**1,342**	**13.2**
剣道	1,676,141	1,199,199	476,942	28.5
柔道	177,572	146,995	30,577	17.2

数字は2011年当時のものである。
http://www.japan-sports.or.jp/member/tabid/567/Default.aspx.
バスケットボールとバレーボールは、剣道と軟式野球に次いで登録者数が多い。軟式野球は女子選手の登録数が記載されていないためこの表には含まれていない。

に、現代の日本社会において「男らしい女子選手」の主体を考察する際にも、これらの理論は大変有用であった。近代スポーツは、ただ単に中流階級で白人の異性愛者を中心としたヘジェモニックな男らしさを再生産し強化する身体活動とその機関であるだけではない。日本にとっては、それは西洋的で近代的な身体文化であり、日本人性、近代性、そして性規範が常に争われ、書き換えられる政治的なアリーナでもある。男らしい日本人女子選手の身体は、日本の近代性と世界からの認知の追求、「日本人であること」の定義、そしてジェンダーと性のポリティクスがぶつかり合う場である。したがって、日本でのスポーツにおける性差別と異性愛主義は、欧米で理論化されてきたものとは異なる形で表出する可能性がある。以下、これらの課題に取り組む上で、有用で不可欠な概念の意味と本研究での使われ方を整理する。

主体性

この研究において最も中心的な位置を占める概念は、男らしい日本人女子選手の主体性（subjectivity）である。ポスト構造主義理論における主体性の概念は「人の意識と無意識における世界の経験と関係についての感覚、心情、欲望」であるとクンは説明する（Kuhn, 2010, p. 801）。

デイヴィスは、主体性を人としての経験を捉える概念として説明している。主体性は、「任意の時点において、自分自身や他者の語り、著述を通じて人が位置付けられる言説を通じて構成される」(Davies, 1991, p. 43)。また主体性という概念は、アイデンティティの本質や連続性よりも、「断片性、矛盾、不連続性」に焦点を当てると述べる。

ローランド・コロマは、主体の形成においていかに「人種と民族がその他の差異の軸とリンクされる」(Coloma, 2008　筆者訳) かについて分析するために、ポスト構造主義の主体性概念を広げて応用している。コロマは既存の主体性の概念がカテゴリーに分割されていることの問題性を指摘し、次のように述べる。

> 主体化とは、目に見える差異の印と見えない差異の印に従って行われる自己による名付け (self-naming) と他者による名付け (named by others) が常に折衝されるプロセスである。さらに、自己による構築と他者による構築による弁証法的なプロセスとして、主体化は社会的、歴史言説の中で、あるいはそれらの言説の引用と仲介を経て行われる。つまり、主体位置 (subject position) は、特定のコンテクストに特有の言説を動員して行われる自己の同一化 (identification) と他者による呼びかけ (interpellation) のプロセスを経て構成されるものである。(ibid., p. 20)

本研究では、ポスト構造主義理論に依拠した主体性の概念、特にコロマによる「構成的主体性 (constitutive subjectivity)」概念を用い、選手たち自身による名付けと他者による名付けの折衝を分析する。

言説と知／権力

ミシェル・フーコーの「言説」と「知識／権力」の概念は、本研究における選手の言説構築と主体構成を日本の性規範と国家、民族アイデンティティに照らして分析する上で有用である。フーコーが用いる言説について、サラ・ミルズは、「一つの言説とは、他の言説に予測可能なやり方で結びつく規制された言表の集合である。言説は規則の集合によって規制され、規則の集合は特定の諸言明や言表の配分や流通をもたらす」（ミルズ、二〇〇六、九二頁）と説明する。

フーコーはまた、「権力と知は相互に直接含みあう」（フーコー、二〇二〇、三四頁）と述べた。フーコーが見出した権力と知の関係性、抵抗の可能性について、少し長いが次の引用がわかりやすい。

> 性について言われることとは、このような権力メカニズムの投影される単なる表面として分析されてはならない。権力と知とが一つの仕組みに結びつけられるのは、まさに言説においてなのである。（中略）語る者とその権力関係における位置、彼が身を置く制度的関係（コンテクスト）に従って、それが想定する異なる形や異なる作用を伴ってであり、また、同一の表現を全く相反する目的へとずらし、再度用いるそのやり方と共にである。言説も、沈黙と同様に、決定的に権力に従属させられたものでも、決定的に対抗させられたものでもない。錯綜し不安定な一つの働き＝ゲームを認めなければならないのであって、そこでは、言説は、同時に権力の道具にして作用＝結果であるが、しかしまた、障害、支える台、抵抗の点、正反対の戦略のための出発点でもあるのだ。言説は権力を運び、産出する。言説は権力を強化するが、しかしまたそれを内側から蝕み、危険にさらし、脆弱化し、その行手を妨げることを可能にする。
>
> （フーコー、一九八六、一二九―一三〇頁）

日本のジェンダーとセクシュアリティに関する言説は、家父長制下の社会関係において規範として生み出され、権力と知の関係性は、性規範的な言説を社会に流通させ続ける。また、主流メディアは、スポーツと選手を解釈し物語る言説を生み出し、その情報流通力により、慣習的に「男のスポーツ」とされてきたスポーツで活躍する女子選手を人々がどのように考えるのか、また選手自身が自分をどのように捉えるのかに大きな影響力をもつ。

前述したように、フーコーは、言説は権力作用を強化することもあれば、「反対」の言説を生み出すことでその作用を妨げることもあるという両面性を強調する（Foucault, 1980, p. 101）。サリバンは、言説分析は「なぜ特定の知識や実践、主体性がある時と場所に現れ、どのような効果をもつのか」（Sullivan, 2003, p. 2）を明らかにすることで、権力の道具としての言説の力を弱めるための意図的な活動であると説明する。女子選手に関するメディア言説を考察すると、彼女らを時にはつまらないものとして扱い、時には規範化し、また時には国のアイデンティティをかぶせることでジェンダー秩序ならびに性規範を維持している。これらは、日本のマスキュリニティ回復への願望を映し出す日本の家父長制、性差別、異性愛主義、国家主義の言説である。

また、権力／知識の概念は、クィア・アスリートやトランスジェンダーの選手の主体性について考察するときにも有用である。トランスジェンダーや男女といった二元的性自認や自己表現に当てはまらない人々をめぐる日本の状況を見ると、性同一性障害（Gender Identity Disorder）という西洋の病理化されたアイデンティティ・カテゴリーが二〇〇〇年代には支配的となっている。この病理化された性自認のあり方は、トランスジェンダーの選手やクィア・アスリートがスポーツとそれまでとは異なる関係を結ぶことを可能にした。だが同時に、それは医学言説に縛られない関係の可能性を閉ざす効果ももつものであった。

ジェンダーのパフォーマティビティ

ジェンダーの行為遂行性（performativity）を概念化するにあたり、ジュディス・バトラーは、ソシュールの記号論を応用し、女や男、異性愛といったアイデンティティ・カテゴリーには「エッセンス」はないと主張する（Butler, 1993）。アイデンティティ・カテゴリーについて「自然」に見えているものは、「幻想的な理想」（ibid., p. 313）の模倣を通じて生み出される「効果」であり、ジェンダーは、「それが表現しようとするまさにその主体の効果として構成されるという意味において行為遂行的〔performative〕」（ibid., p. 314　筆者訳）であると述べる。

バトラーはまた、再意味化（resignification）という概念を通じて主体とエージェンシーと抵抗の可能性を捉えようとする。ジェンダーとセクシュアリティのカテゴリー（シニフィアン）が、それが指す内容（シニフィエ）との間に「自然」な、絶対的なつながりを持たないのであれば、その関係性は不安定で、常にその関係性の反復に失敗しているると論じる。この不安定さ、エッセンスの不在は、そのカテゴリーの開放性、柔軟性として、それが今ある以外の意味を持つこと、今現在存在する限定された「この意味」よりも開かれたものでありうる可能性を示すものとして再認識することができるはずである。行為遂行性と再意味化という概念は、たとえば「女」といった人のカテゴリーを指す言葉に対し、その意味が常に回帰できる絶対的な「オリジナル」が存在しないのであれば、そのコピーの失敗もありえないことを示す。すべての少しずつ、あるいは大きく異なる女であることの意味やあり方が、ヒエラルキーに回収されないそれ自身の価値と正当性を持つのである。この考え方は、人を「誤った」あるいは「不当」な存在とならしめる規範カテゴリーの抑圧的なあり方をその根本から侵食していくものだ。

本書では、このジェンダーとカテゴリーについての考え方をサッカーとレスリングの女子チームでプレーする選手たちの言説に応用することで、「日本女性」や「体育会系女子」といった認知カテゴリーの構築性、変化、失敗、そして修復の過程を描き出し、その行為遂行性を明らかにすることを試みる。二〇〇一年から二〇一二年という女子サッカーとレスリングの国内における認知が大きく変化した一二年間に注目するが、その間に生み出された選手たちについての数多の語りとその変化は、必然的に「ジェンダー・トラブル」(Butler, 1990) を内包するものであった。規範的、あるいは規範の中に取り込もうとする言説は、時に横滑りし、亀裂と矛盾を生じてきた。

同時に、そうしたトラブル含みの言説を修復し、一貫した「日本女性」の規範的語りの中に回収する言説も多数生み出された。本書では、それらの言説の揺らぎに注目しながら、女子選手たちについて「他者が語る／書くという行為 (other's act of speaking/writing)」(Davis, 1991, p. 43)、あるいは「作り出される (being-made)」(Coloma, 2008, p. 20) ときの言説の糸やその編み込まれ方を見つめ、規範的な言説構築のあり方と、それが「トラブル」を引き起こす、クィアする（動詞としての queer、あるいは queering）撹乱の瞬間を捉える。

脱同一化

ホセ・ムニョースは、脱同一化 (disidentification) を「支配的イデオロギーの構造に同化することでも、断固として対抗することでもない、第三の関わり方」(Muñoz, 1999, p. 11) であると定義している。この理論は、マイノリティが支配的イデオロギーを受け入れながらも抵抗するという生き残り戦略の一つを描き出すものだ。脱同一化という概念はまた、「文化のロジックをその内部から変形させることを試み、いつも恒久的な構造変化をもたらそうと働きかけ続ける一方で、ローカルな、日常的な抵抗の努力の価値を見出すもの」(ibid., pp. 11-12) でもあり、規範的なあり方に同化しない者の存在を消去し、罰し続ける「フォビックな多数派公共空間」をうまく切り抜け、生き残るための戦術を記述するための言葉であるとムニョースは説明する (ibid., p. 4)。さらに、脱同一化のプロセスは、支配的な公共圏における「呼びかけ／尋問」が失敗することを通じて「差異の中から現れるアイデンティティ（identities-in-difference）」（ibid., p. 7）を生み出すとする。

同時にムニョースは、脱同一化が常にすべてのマイノリティにとって十分な生き残りの手段になるとは限らず、敵意を剝き出しにする公共圏を生き延びるために直接的な抵抗といった異なる抵抗の戦略を用いたり、規範に従ったりすることを必要とする者もいることに注意を促す。

脱同一化は、本書で日本の女子選手と「トランス」の選手が社会のジェンダーと性に関する規範や、性同一性障害という医療化され規範化された言説、そしてトップ選手に求められるストイックな生活という難しい要求といかに折り合いをつけていくのかを明らかにする上で有用な概念である。

3　研究方法

この研究を開始するにあたり一つ大きな問題となったのは、「男らしい」スポーツをプレーする女子選手たちの日本社会における言説構築に関する先行研究が非常に少ないことであった。当初、そういった研究から見出された知見を元に、それらが選手の主体性にどのような影響を及ぼすのかについて調査することが本研究の中心となるはずであった。しかし、研究に着手した時点では先述した合場の研究以外には一部の歴史研究を除いてこれをテーマにしたものはほとんど見られなかった。スポーツそのものが男の領域であるという前提に立ち、「スポーツする女」についてのメディア言説の分析は日本でもそれなりの蓄積があるが、それらのほとんどがいかに女性の性規範と性役割を中心とした報道になるのかについての分析である。特に長い間「男のスポーツ」と考えられ、女子競技としては「マイナースポーツ」という評価に甘んじてきたサッカーやレスリングに関しては、データがほとんどない。したがって、他者による自己の言説構築と自分自身による自己の言説構築が「弁証法的」に構成する主体性(Coloma, 2008, p. 20) を分析するという本研究の目的を達するために、本研究では、①他者による自己の言説構築、②自分自身による自己の言説構築という二つのレベルで言説分析を行った。

批判的言説分析

まず第一段階の分析として、日本の主流メディアにおける選手たちの言説構築に対して、フェミニスト理論とフーコーの言説理論に基づいた批判的言説分析（ＣＤＡ）を用いた。男らしいスポーツ、特にサッカーとレスリングの女子選手をめぐる社会歴史的言説の領域は多層的であり、またそういった多層的な言説領域へのアプローチ方法も複数あると考えられるが、この大きな研究課題の第一段階としてまず言説の社会的普及力と影響力が強い大手マスコミの報道を分析対象とする。

フェミニストＣＤＡとは、権力作用に着目する言説分析の中でも特に家父長制、異性愛規範といったジェンダー秩序を維持強化する権力作用に焦点を当てる言説分析のアプローチである。フーコー派言説分析とは、特にフーコーの系譜学的アプローチを取るものである。系譜学「的」と書いたのは、これが歴史研究ではなく、現在の言説構築が生み出す意味付与のあり方が自然でも普遍でも、まして「真実」でもなく、それらの言説が特定の歴史社会状況における権力の諸関係の中から構成され、変遷するものであることを明らかにする試みだからである。

ここでは日本の女子スポーツ、特にサッカーとレスリングに対する社会認識に大きな変化が見られた二〇〇一年から二〇一二年に出版されたメディアを言説分析の対象とする。具体的には大手新聞社の朝日新聞とスポーツ誌とし

表 2-2　メディアデータの検索結果

メディア	検索した言葉	抽出された記事数	記事数（第一次分析）	記事数（第二次分析）
朝日新聞	「女子サッカー」 「なでしこジャパン」	2515	91	83
	「女子レスリング」	457	35	34
Sports Graphic Number	「女子サッカー」 「なでしこジャパン」	29	29	29
	「女子レスリング」	11	11	11
合計		3012	166	157

て日本での発行数が最も多い『Sports Graphic Number』（以降、『Number』と表記）を対象とした。場合によっては、オリンピックやW杯開催に伴って女子サッカーや女子レスリングの特集を組んだその他の雑誌も分析対象としている。

メディアデータは、検索エンジンを用いて「女子サッカー」または「なでしこジャパン」、「女子レスリング」の言葉が使われている記事を抽出した。その中から試合結果のみ伝える記事、試合の予告、あるいはスポーツや選手以外の話題が中心の記事を排除したものを第一次分析の対象とした。その中から特に選手のジェンダーやセクシュアリティに多く触れられている一五七件の記事を第二次分析の対象とした（表2-2）。

二〇〇一年から二〇一二年は、女子スポーツだけでなく、多様なＳＯＧＩのあり方をめぐる日本の言説にも大きな変化のあった期間である。たとえば、テレビドラマ『3年B組金八先生』に上戸彩演じる性同一性障害の生徒、鶴本直が登場し、「性同一性障害」あるいは「ＧＩＤ」という言葉が日本で広く知られるようになったのは二〇〇一年から二〇〇二年にかけてのことである。また二〇〇五年には、政治家の尾辻かな子がレズビアンであることを公表し、広く注目を集めた。その翌年の二〇〇六年から二〇一一年にかけて、ＮＨＫの教育テレビ番組『ハートをつなごう』でＬＧＢＴ特集が放送された。

二〇〇〇年代は、その後の「ＬＧＢＴブーム」とも呼ばれる時代の到来に向けた社会的な下地が徐々に作られていた時代といえる。

デプス・インタビュー

分析の第二のレベルは、選手たち自身による自己認識の言説的構築と、それが外側からの構築（たとえば他者やメディアなど）とどのように折衝しながらジェンダー化された主体性を構成していくのかを明らかにする作業である。ここでは、デプス・インタビューを用い、選手たち自身が自己の身体や技能をどのように意味付けているのか、また周囲の人々やメディアからの言葉、ジェンダー化されたスペース、そして服やアクセサリーといったジェンダー化されたモノとの関係性や経験について考察を行った。

研究協力者は、まず女子サッカーあるいは女子レスリング部を有する大学の研究者に協力を依頼し、研究協力者募集のチラシを配布してもらった。加えて、チラシに応答してくれた協力者の知り合いを紹介してもらうスノーボール・サンプリングも用いた。また、メディアで取り上げられるエリートレベルの選手と近い時代とレベルで競技したことを条件とするため、インタビューを行った二〇一二年から二〇一三年当時に一八歳以上三〇歳未満で、サッカーまたはレスリングで全国大会または国際大会に出場したことがあり、さらに女子チームでプレーしたことがある人を対象とした。実際にインタビューに応じてくれたのは一二名であった。協力者のうち、一〇名はシスジェンダーを自認し、二名は「トランスジェンダー」または「性同一性障害」を自認していた。ただし、そのうちの一名は、「かもしれない」という留保つきの自認であったことは重要である。

第Ⅱ部　メディア言説構築

第三章　男性的スポーツと女子選手の言説構築とそのトラブル

1　マイナーな存在からヒーローへ

二〇〇〇年代以降、日本の女子サッカー選手とレスリング選手たちのメディア露出が急激に増えていった。彼女らが日本国内のみならず世界的にもその実力を認められるようになるに従い、彼女らは様々に意味付けされ、社会的地位が変化していった。彼女らの成功は、マイナースポーツをする無名の女子選手から五輪とＷ杯の王者、国民的ヒーローへと主体位置を大きくシフトさせた。彼女らの成功は東日本大震災（二〇一一年三月一一日、以降「３・11」と表記）の大災害と原発事故により大きく傷ついた日本にあって特に大きな意味を持つこととなった。３・11がもたらした人的、物的、そして精神的ダメージとトラウマは、バブル崩壊以降の「失われた二〇年」から抜け出せない日本社会をさらに深い谷底に蹴り落とすかのような、陰鬱としたムードをもたらしていた。と同時に、災害という個人のコントロールが及ばない力によってもたらされた破壊と喪失は、失われたものへの哀悼と復興に向けた無私の努力によって人々を結びつける経験でもあった。

二〇一一年六月二六日から七月一七日にかけてドイツで開催された女子サッカーＷ杯におけるなでしこジャパンの優勝は、「無私の努力による」見事な「復興」という語りにピタリと当てはまる国家的重大事であった。破壊され意気消沈した日本社会が、一度は失ったかに見えた自信と希望を取り戻す出来事だとメディアは一斉に報じた。この圧倒的な国家的祝賀ムードのクライマックスは、同年暮れに発表されたなでしこジャパンの国民栄誉賞受賞だろう。これによってなでしこジャパンは名実ともに日本のヒーローとなった。

この祝賀ムードはその翌年のロンドン五輪まで続いた。W杯の優勝を再び、と期待され、相当なプレッシャーがかかっていた大会で、なでしこジャパンは見事に準優勝を果たした。W杯に続き、またしても男子も含めた日本のサッカー界の金字塔を打ち立てたのである。同大会において女子レスリング・チームも偉業を達成した。すべての階級で表彰台に上がり、獲得した金メダル三個のうち二個は吉田沙保里と伊調馨による五輪三連覇を飾るものであった。ロンドン五輪は、まさにたくましい日本女子選手たちが大活躍し、大きな注目を集めた大会であった。この年の暮れには吉田が一〇大会連続のレスリングW杯優勝を果たし、国民的ヒーローとしての、そして歴史に残るアスリートとしての地位を不動のものにした。

W杯一〇連勝を果たした吉田は、一部のファンらによってロシア出身の超重量級チャンピオン、アレクサンドル・カレリンと比較されるまでになる。カレリンは、史上最強のグレコローマン選手とも言われる選手で、吉田がW杯一〇連勝を達成するまではそのような記録を成し遂げた唯一の選手であった。吉田沙保里もまたこれらの功績が認められ、なでしこジャパンに一年遅れつつも、国民栄誉賞を授与された。その翌年、吉田は男女合わせて初めてのレスリングW杯一一連勝を達成することになる。

なでしこジャパンとは異なり、全日本レスリング女子チームの活躍は新しいものではない。日本女子レスリングは、ＦＩＬＡ（国際レスリング連盟、現在はＵＷＷと改称）のレスリング世界チャンピオンシップが一九八七年に開始された当初から長く活躍を続けてきた。五輪大会では、二〇〇四年のアテネ大会で女子レスリングが正式種目と

表3-1　女子サッカーと女子レスリングについて記述のあった主要メディアの記事数

年	朝日新聞		読売新聞		主なできごと
	サッカー	レスリング	サッカー	レスリング	
2012	846	175	1060	260	ロンドン五輪(サッカー：2位、レスリング：金メダル3)、FILAレスリングW杯：優勝
2011	833	25	949	25	FIFAサッカー女子W杯：優勝 FILAレスリングW杯：3位
2010	162	24	153	38	FILAレスリングW杯：3位
2009	121	37	165	47	FILAレスリングW杯：3位
2008	251	126	253	144	北京五輪（サッカー：4位、レスリング：金2、銀1、銅1)、FILAレスリングW杯：3位
2007	164	37	182	25	FIFAサッカー女子W杯：予選敗退 FILAレスリングW杯：2位
2006	155	53	190	53	FILAレスリングW杯：優勝
2005	164	53	224	65	FILAレスリングW杯：優勝
2004	287	182	323	234	アテネ五輪（サッカー：決勝トーナメント進出、レスリング：金2、銀1、銅)、FILAレスリングW杯：優勝
2003	148	27	87	40	FIFAサッカー女子W杯：予選敗退 FILAレスリングW杯：2位
2002	130	13	80	41	FILAレスリングW杯：優勝
2001	84	7	50	17	FILAレスリングW杯：優勝

検索した言葉：「女子サッカー」「なでしこジャパン」「女子レスリング」。
検索結果には地方版、全国版が含まれる。

して採用されて以来、メダリストを輩出し続けている。しかし、飯田（二〇〇三）が指摘するとおり、五輪開催期間中とその前後の限られた時期を除いてほとんどメディアに取り上げられることはない。なでしこジャパンの実力が相当なところまで上がっていた二〇一一年直前の数年ですら、五輪大会以外の時期の報道は微々たるものである（表3-1）。

この「男らしい」スポーツにおける女子選手たちの活躍によって、日本の主流メディアは興味深いジレンマに直面した。これまで少数の「変わった」女として時折ネタとして扱っていた、たくましく攻撃的で激しいぶつかり合いをもののともしない女たちが国のヒーローになったのである。日本の性規範から外れた「例外的」女としてではなく、日本が誇る国民的代表として彼女らを表象し、「想像の」国民アイデンティティ構築の一部として組み込む必要に迫られた。

このジレンマは、これらの選手とスポーツをめぐるメディア報道によく表れている。異性愛的魅力を前面に出すことを拒否するかのように、短く切り詰められた髪と化粧っ気のない顔、媚びた笑みを浮かべないストイックな、あるいはぶっきらぼうな態度。これまでメディアが使ってきた、女子選手を性規範の中に押し込める典型的な言説戦術がどうもうまくいかず、選手たちの扱いに戸惑っているかのような映像が流れ続けた。いつもどおり「彼氏はいますか？」「結婚したいですか？」といったようなスポーツと関係のない（異性愛の）恋愛話を持ち出し、選手からも視聴者からも顰蹙を買う瞬間が多々あった。そして最後は比較的「扱いやすい」、女らしい印象を与える選手や異性愛話に喜んで参加する選手のみに出演依頼をするようになったようである（差別的でつまらない質問を並べたてるメディアに嫌気がさした選手たちが出演依頼を断ったという可能性もあるが）。

このようなジレンマとそれを克服しようとするメディア言説は、必然的に多様性を孕むことで、「女」の言説構築に滑りや亀裂、矛盾といった「ジェンダー・トラブル」(Butler, 1990) を引き起こし、「日本女性」や「体育会系女子」の行為遂行性 (performativity) を可視化させた。

バトラーは、こうしたトラブルの瞬間は言語と意味のズレや亀裂から生じ、規範的主体の構築性を暴露することで規範を「自然にみせる (naturalistic)」効果 (Butler, 1993b, p. 313) を混乱させると述べる。規範とその亀裂が生産的な緊張関係に置かれる「トラブル」が起こる瞬間は、沈黙が破られ、新たな意味やあり方の可能性が開かれる瞬間でもある。二〇〇一年から二〇一二年の間に女子サッカー選手、女子レスラーたちについて主流メディアは何を語ったのかを考察し、どのような女子選手としての主体性と言説構築の可能性が開かれたのか、あるいは閉ざされたのかについて考えてみたい。

本章は大きく規範的言説構築、再意味化、再引用・撹乱・修復の節に分かれている。分析をより明確化するために言説をこれらのカテゴリーに分けてはいるが、これがまったく異なる言説であることを意味しているわけではない。またこれらが言説の「進歩」としてまっすぐ直線的に変化することを意味するものでもなく、言説の異なる要素を取り出したものである。したがって、一つの記事やフレーズなどが異なるカテゴリーの事例として複数回取り上げられる場合もある。

またこれらの言説のシフトについても取り上げる。同じ「言説資源（discursive resources）」（Morson & Macleod, 2013, p. 571）が場合によっては異なる時期に、異なる意味で繰り返し使用される場合がある。しかし、これらのシフトもまた直線的で一方向ではない。言説資源が異性愛主義的で家父長主義的性規範とジェンダー秩序、女子選手の周縁化を繰り返し再生産し強化する一方で、同じ資源がこれらの選手を褒め称え、国民イメージの中に組み込む言説の中で使われもするのである。

2　規範的言説構築——異性愛主義と性別二元制

規範的言説の特徴は、男子と女子の選手を身体や身体能力だけでなく、プレースタイルやコーチングスタイル、さらには競技に対する姿勢においても違いがあることを強調することである。これらの規範的言説は複数の「言説資源」を作り出し、その言説は異なる時期や文脈において繰り返し登場し、女子選手を「想像の日本人女性」像の周縁部に追いやったり、時には逆に日本人性を構築したりする際に用いられる。

家父長制ジェンダー秩序――女子選手の女性化と男性のマスキュリニティの安定化

前述したように、少なくとも日本においてサッカーとレスリングは長く「男のスポーツ」と考えられてきた。これらのスポーツに登録している女子選手は、男子の数に比べて最近まで極めて少なく、これによって女子選手は「マイナー」な存在として扱われてきた。筆者も一九九三年ごろ、一時期小学校のサッカー部に所属したことがある。二年生から六年生まで一〇〇人ほどはいた部員のうち、女子選手はたった二人だったことを覚えている。当時は全国的に見ても女子登録者数がようやく二万人に達したばかりだった（同年の男子登録者数は七〇万三八五人）[*1]。こうした圧倒的な数の少なさは、サッカーを女子のマイナースポーツと見なすメディアの言説の中にも現れる。そして女子選手を男子選手と比較することで、男子選手を「オリジナル」で「正統」な存在として言説的に構築する一方で、女子選手をそのコピー、あるいは「劣等」なコピーとして構築する。

二〇〇〇年代初期、女子の日本代表チームがオリンピックで決勝トーナメントに勝ち進んだ二〇〇四年大会以前は、女子サッカーについて書かれたメディアの記事は稀だった。女子サッカーにふれている記事でもそのほとんどは女子サッカーの試合や結果を知らせるだけで、選手の詳細や試合の分析すら含まれない簡素なものだった。それ以上に踏み込んで書かれた記事は、女子サッカーの「マイナー」な立場に注目し、サッカーにおける女子選手の将来について非常に悲観的な見方をするものが多かった。二〇〇一年の朝日新聞の記事は、当時サッカーに取り組む女子選手たちについて次のように記述している。

激しく体をぶつけ合い、「格闘技」とも言われるサッカー。県内では、Jリーグに進んだり、高校選手権で上位に進出したりと目覚ましい活躍の男子に比べ、女子の活動はあまり知られていない。競技人口が少なく、晴れ舞台はほとんどないが、選手たちはそれぞれ目標を持ってボールを追いかけている。[*2]

地方や全国のサッカー組織が様々な取り組みを行っていることについて記述する記事の中で、サッカーをする女性が少ない理由について、サッカーの暴力的な性質を挙げるLリーグの常任理事の声が載せられている。「女性が激しいスポーツをすることにまだ抵抗があるのかもしれない。まずは女性のサッカー人口を増やすことから取り組まないといけない」[*3]。また、同じ記事では熊本県サッカー協会の理事長のコメントとして「サッカーをする母親が増えれば、子どももする機会が増える。女子サッカーの強化は全体の底上げにつながる」という言葉を取り上げている。すべてのサッカーをする女性が母になるという異性愛規範に基づいた期待は、現在でも「良妻賢母」イデオロギーを背景に、女性にスポーツを推奨する言説の一つとして表明されている。この「良き妻であり賢い母という役割を理想化し、またそれを規定する」(Shigematsu, 2012, p. 6) イデオロギーは、国家と家族の男性構成員の利益になることを中心として女性の性別役割分業を定めるものである。

また朝日新聞の二〇〇一年のある記事では、女子サッカーについて「男子に比べ足元のプレーが多く、細やかな足技やパスワークが見どころだ」[*4]と解説している。足技がサッカーの魅力であることは自明であるが、この記事ではその明らかな事実を述べることで、女子たちのパワーやスピードから読者の目を逸らし、女子たちの足技やパス技術の繊細さに注目させる効果を持つ。次章でより詳しく述べるが、この繊細な足技と「パスワーク」への言及は、後の時代に、身体が大きくて強く、また足の速い海外の選手と戦うなでしこジャパンのシンボル、そして誇りとして語られるようになるものである。

二〇〇四年に日本の女子代表チームは、一三年間負け続けていた北朝鮮の代表チームを相手に勝利し、オリンピックへの切符を手に入れた。当時のチーム監督は、Jリーグの監督を務め、また日本人として初めて外国代表チームの監督を務めた上田栄治であった。彼は朝日新聞のインタビューの中で、最初に女子チームの監督就任を依頼されたとき、そのお金は男子代表チームに使われるべきだと思ったと打ち明けており、彼の女子サッカーに対する差別的態度を明確にしている。[*5] それでも上田は女子チームの監督を引き受け、歴史的勝利へと導いた。

この記事は、上田の「新しい」監督スタイルに注目し、女子選手にはどのようなコーチングが必要なのかについて、「男子のやり方に近づけなければ、世界とは戦えない」という彼の言葉を載せている。エリース・エドワーズは、日本の女子サッカー選手はしばしば監督らから自立心や創造力の不足を批判されてきたと指摘する（Edwards, 2003）。また、女子選手をコーチする方策についてインタビューを受けた監督らは、彼女らの「女らしい」側面を消し去り、もっと「男のよう」に、より自立することの重要性についてしばしば語っている。[*6]「女のサッカーは、よほど好きでないと続かない」[*7] といったように、男子に比較して女子選手はサッカーをやめやすいことを指摘する記事もある。

女子サッカーの発展と成功を祝う趣旨の記事であっても、「男子でも失敗するプレーを、あの舞台で実現させた丸山の動きの聡明（そうめい）さには驚きました」[*8] と卓越さを測るものさしとして男子選手に言及している記事も多く見られる。同様に、優れた女子選手が有名な男子選手の名前からニックネームを与えられることも多い。たとえば、二〇〇二年の朝日新聞の記事は、後にW杯で日本代表を優勝に導くことになる澤穂希選手を「女・中田」[*9]、また二〇〇四年の『Number』では、アトランタ大会でキャプテンを務めた大部由美選手を「女ドゥンガ」[*10] と表現している。このような言説において、女子選手の素晴らしさ、卓越性を認識するために男子選手が参照されることで、女子選手は「オリジナル」である男子選手のコピーとして構築されている。

男子をオリジナルとし、女子をマイナーなコピーとして構築する言説はレスリングに関する記事にも見られる。朝日新聞のある記事は、周囲に一緒に練習する女子レスラーがいない選手が、もっと女の子らしいバレーボールのほうがよかったと思ったことについて書いている。[*11] また「女だってレスリング」という記事では、「女子レスリングの父」と呼ばれた福田富昭について記述し、彼が一九八〇年代にヨーロッパを訪れたときにそこでは女子もレスリングをするのだと聞いて驚くまでは、レスリングは男のスポーツだとずっと決めつけていたというエピソードを紹介している。[*12] 吉田沙保里がオリンピック三連覇を達成したときには、特に週刊誌やオンラインメディアが吉田を男子の伝説的レスラー、アレクサンドル・カレリンにたとえて「女カレリン」と書きたてた。[*13]

また女子レスリングは、女子プロレスや女相撲といった「女も」するけれど、どこか普通とは異なる、性規範から逸脱した身体を想起する身体文化との対比によって理解されることもある。いうまでもなく、オリンピック競技の女子レスリングとプロレス、相撲は、組み合うという共通点はあるものの、似て非なるものである。しかし、亀井好恵（二〇一二）は、女子プロレスと女相撲はともに女たちが男らしさを表す身体パフォーマンスを観衆に見せるという点で、逸脱であると述べる。次の朝日新聞の記事は、女性がレスリングをすることに対する周囲の無理解や抵抗がよく現れている。

腕力に自信はあったが、格闘技に興味はなかった。本屋で雑誌をのぞいたら、女子選手が鼻血を流して戦っていた。

母も「柔道ならまだしも、女の子がレスリングなんて」と反対した。（中略）「レスリングはプロレスの印象が強くて反対だったけど、本人が悩んだ末の結論だったたので、あきらめた」[*14]。

他にも、中京女子大学の女子レスリング部に入学した選手が、「プロレスと区別がつかなかったみたい。『飛びげりとか、ひっかいたりするの？』と聞いてきた」[*15]と述懐する様子を取り上げた記事もある。

これらの言説において、女子選手たちは単なるマイノリティや例外、男が支配的なスポーツへの新参者としてだけ扱われているわけではない。彼女らは、血を流し、飛び蹴りをし、お互いを引っ掻き合う（と想像される）女子プロレスのイメージを通じて、規範を逸脱した「クィア」な存在として構築されている。そして亀井（二〇一二）が指摘するように、そのイメージの源泉は、日本社会で主流文化と周縁化された文化の間の曖昧な空間に長く存在してきた様々な「男らしい」女たちである。

オリンピックの公式種目として女子レスリングが導入される前年の二〇〇三年の新聞記事は、宮沢賢治が女相撲について言及した俳句を取り上げつつ、女相撲、ひいては女子レスリングも宮沢のように高い教養を持った人間には相応しくない下品なものと評している。

賢治の兄妹像手帳（中略）に「末摘花（すえつむはな）」という言葉が見えます。
そのすぐ下に、「女角力（すもう）の旅帰り」という文字が見えます。ですからこれは、江戸時代の川柳集の俳風「柳多留」からエロチックなものを集めた「俳風末摘花」であることは明らかでしょう。
賢治の頃の岩手日報に、盛岡の桜山神社の境内で、女角力が行われたという記事がありました。未成年らしい女力士を警官が取り調べたところ、金になるからといって仙台から来た家出娘なので、厳重説諭して親元に送り返したそうです。

賢治がそんなものを見物するはずはありません。今の女子レスリングのような女角力の存在は新聞で知っていたのでしょう。*16

「エロチック」「未成年」「家出娘」「警察」「金」というスキャンダラスな言葉が組み合わされ、ふしだらな女がする「そんなもの」として女相撲も女子レスリングも構築されているのである。

周縁化され、時にはスキャンダラスに描かれる女子レスラーのイメージは、二〇〇四年のアテネ五輪を境に生まれた、国のたくましいヒーローたちという言説と衝突することになる。後述するが、この二つの言説のぶつかりは激しく、国民国家のアイデンティティに関する複雑な言説とも絡み合いながら、様々な身体、ジェンダー、セクシュアリティについての言説を生み出していった。サッカーと比べて、二〇〇〇年代当初の女子レスリングは、多くの人にとって馴染みがあるようなないような存在であった。男子のものと見なされてきたスポーツにおいてアマチュアの日本人女子選手が世界的な活躍を見せたことで、女子レスリングのイメージは不安定に揺れ動いていく。

「彼のおかげ」――女子選手活躍の立て役者としての男性

二〇一一年七月一〇日、なでしこジャパンはサッカーW杯で準決勝まで勝ち進んでいた。日本がサッカーW杯でそこまで勝ち上がったのは男女を合わせても史上初だった。「女・中田」とあだ名された澤穂希は、この日まで長い大会期間の間ずっと驚異的なスタミナとパワー、技術、そして得点を決して諦めない執着心でチームを牽引し続けた。彼女の素晴らしいパフォーマンスとチームへの貢献は、男子と比較せずとも見るものの目に焼きついていたはずだ。なんといっても男子サッカーの日本代表でW杯の準決勝を経験した選手はいないのである。しかし、準決勝進出が決まった二日後の朝日新聞の一面に掲載された天声人語には、次のような言葉が書かれていた。

沢さんは男の子の中で強くなった。

この記事は、「小学生時代、試合中に『女のくせに』とスパイクを蹴られたことがある。その子は、心でわびているに違いない」[*17]という言葉で結ばれ、女子選手を見下し差別してきた日本社会全体の態度を幼い男子選手の後悔の声に乗せて表現したかのようである。

その一方で、こうした女子のトップ選手らが男子とともに練習してきたことを取り上げたナラティブは、女子の成功の要因を男性の関わりに帰結させる。女子チームの不在などにより「女子のみ」の練習空間や女子チーム同士で試合をする機会などが圧倒的に不足してきた事実が、男子とプレーできる、すなわちより好ましい練習環境へと読み替えられている。米国や欧州チームのように女子だけでチームを組み、十分な試合をこなせる環境にある選手たちと比較され、個々に男子チームの中に飛び込んで練習してきた経験が国際試合における日本の女子選手の強さとして現れているとされた。このような男の貢献という言説は、二重の効果を持つと飯田（二〇〇三）は指摘する。少女や女性たちがプレーする機会や彼女らへのサポートの不足に対する批判が不可視化され、男子の優等性を示すことで家父長制に基づいたジェンダー秩序を強化するのである。

この言説は、二〇〇〇年代と二〇一一年の東日本大震災後の期間を通じてメディアで使われ続けた。

パワーやスピードで男子部員に圧倒されたが、くじけなかった。練習のない日も、（中略）寛さん（父）と特訓を続けた。（中略）
宇都宮女子高校に入学し、女子だけのサッカー部に加わった。初めての練習試合。いつもなら奪われるタイミングのボールをキープできた。ドリブルでも面白いように相手を抜き、自分が飛躍的にうまくなったような気になった。「こんなレベルで、自分のプラスになるのかなあ」[18]。

（二〇〇一年）

全国レベルの男子高校生の力は、女子なら世界のトップクラスに相当する。
「男子のスピードに慣れ、クロスボールにも積極的に飛び出せるようになった[19]」

（二〇〇四年）

より高いレベルでサッカーを学ぼうと、男子部員に交じってがんばる女子高生がいる。（中略）ボールを使う練習では、男子の激しい当たりに負けてしまい、すぐにボールを奪われる。それでも、持ち前の負けん気でここまで続けてきた[20]。

（二〇〇五年）

女子でも、どのタイミングで仕掛ければいいかという判断ができる選手が増えたという。「ショートパスに速い攻撃という『日本らしさ』をちゃんと理解し、表現できる選手が増えた」とも感じる。
背景には、小学生の頃、男女が同じチームでプレーしていることも大きい。米国など女子サッカー人口が多い国と違い、日本は小学生の女子単独チームは少なく、七〇％は男子に交じって技を磨いているという。「日本の弱点であり、長所でもある。技術的に伸びる小学生の頃に、男子と厳しいプレッシャーの中でやっている

ことが実は大きい[21]」　（二〇一一年）

女子選手の活躍を可能にしたとされる男性の存在は、娘や妹としての女子選手の言説構築にも現れる。これらの言説の中で、「男のスポーツ」に取り組む女子選手は、そのきっかけが父親や兄弟の影響にあると推定されている。女子としては「変わった」スポーツの選択は、家族の男性構成員の影響を通して解釈され、彼らの存在とサポートが女子選手の活躍に不可欠であるとされる。そしてこの家族の影響についての語りは、たとえば幼いころから「活発」な子だった、「男まさり」だった、「男の子になりたかった」といったように、「普通の女の子」とは異なる素質と結びつけられる。これらの語りは、米国社会で活発な女の子たちがしばしば“tomboys”（おてんば娘）と表現され、成長の過程で子ども時代の「男っぽさ」から脱して成熟した女性性を獲得することを期待されることとよく似ている（Halberstam, 1998）。「おてんば娘」たちは、家族の男性構成員によってそのスポーツの素質を見出され、「男のスポーツ」の世界に招き入れられ、選手として練習に励む機会を与えられる。彼女らの成功は、その両親や兄弟、ボーイフレンド、さらには夫のサポートのおかげであると語られる。この言説の典型例をいくつか挙げてみよう。

高校時代にサッカーをしていた〔安藤梢選手の〕父寛さん（48）は「私の顔を見るたび『サッカーやろう』ってねだってきた[22]」

〔渡米直後は寂しい思いもしたが〕今は違う。パートナーのジェームスさんと昨夏、出会った。元選手で、仕事の合間に子どもたちにサッカーを教えている。オフにはランニングやジム通いにつき合ってくれる。[*23]
ゴールを揺らすことはできず、試合も惜敗したが、父や兄は「よく頑張ってくれた」と涙をぬぐった。（中略）
「えりこは商店街みんなの娘のような存在」[*24]

選手たちを、01年5月のチーム発足後間もなくから代わる代わる自宅に招き、手料理を振る舞っている。
シーズン当初の所属選手29人のうち県内出身は1人。ほかの選手は実家を離れ、自炊しながら（中略）働き、プレーする。「見えないところで彼女たちを支えているサポーターは大勢います。私はその1人として、お手伝いをしているだけ」（中略）
「一週間分の栄養をここで補給してるんだ」という選手も1人や2人ではない。（中略）
気になることもある。茶わんを置いたまま片手で食べる選手。すかさず「茶わんは!!」と竜門さん。「早くから親元を離れ、一般的なマナーの出来ていない子もいる」。夫からは「甘やかすな」とよく言われる。[*25]

常盤木サッカー部には監督を中心とする一種独特のファミリー的雰囲気がある。[*26]

これらの語りでは、女子選手の父（家父長）を中心とした選手の家族内における立ち位置が強調されている。三番目の事例は、「商店街発、えりこコール　父と兄、惜敗に涙　北京五輪女子サッカー・荒川選手」と題された記事である。この記事では、荒川選手の両親が営むラーメン店に商店街の人々が集まって応援する様子が描かれ、記事に添えられた写真にはテレビを通じて声援を送る両親の様子が映っている。しかし、記事の題目で「涙をぬぐった」と言及されているのは父と兄のみである。さらにこの記事は、応援に駆けつけた近所の高齢男性の「えりこは商店街みんなの娘のような存在」という言葉で締め括られている。母親を含め、女性の声は一切登場せず、荒川選手をサポートし、涙する男たちと、地元で「えりこ」と呼び捨てにされる「娘」としての荒川選手の位置付けが強調されている。

四番目の事例では、女子サッカーの強豪、岡山湯郷ベルの選手たちを自宅に招き、手料理を振る舞う女性と選手たちとの関係が描かれている。若い選手たちは、そこで栄養に配慮した食事を提供されるだけでなく、茶碗を持って食べるといった「一般的なマナー」も教わる。この語りの中で、選手たちは若くして地元を離れ、自炊しながら仕事とプロサッカー選手としての生活を両立させる、たくましい独立した人物としてではなく、まだ親のような存在を必要とする娘たちとして描かれる。

このような言説は、女子レスリングの選手たちについての語りにも見られる。女の子がレスリングに取り組むきっかけとなった父や兄の存在がメディアに繰り返し登場している。レスラーたちの「闘魂」やたくましさは、娘や頼りになる姉といった女性の性役割に素早く引き戻されてしまう。*27 過酷な運命に翻弄された小原日登美選手が、ついに二〇一二年のロンドン五輪で金メダルを獲得したというストーリーはこの語りの典型例といえる。妹と重ならないように五五キロ級に階級を上げた先には吉田沙保里の壁があった。結果としてアテネ五輪、そして北京五輪の選考会での敗退を契機に二度引退した。レスリングのない生活から不安定な精神状態に陥り、「どん底」を経験した小原選手。だが、家族の支えで競技に復帰し、再びオリンピックのための最後の戦いに挑んだ。その語りの中で、マットに戻れると信じ、砂浜を一緒にジョギングした父、毎日駐屯地まで送迎する同じ自衛隊所属の夫、毎日の電話で相談に乗り続けた母の様子が綴られる。小原日登美が二度目の復帰を果たすことになったのは、これまで階級の重なりを避け、道を譲った妹が結婚してレスリングを引退したからだった。[*28]

家族内の男性が様々に犠牲を払い、女子選手の夢を支えるという語りは、一見すると性別役割分担やジェンダー規範を揺るがすもののように読める。しかし、そんな家族への感謝を述べる小原選手の語りを通じて、その揺らぎは再び異性愛主義と家父長制へと回収されていく。

粘り強くつきあったのが清美とその妻万理子（中略）だ。清美は娘を自宅近くの浜辺に誘い、並んでジョギングした。母は娘の愚痴に耳を傾けた。（中略）

「ロンドンまでは旧姓の坂本で登録する」と宣言していた日登美が「小原姓で出場したい」と翻意したのは、11年世界選手権の直前だった。「パスポートの有効期限が五輪前に切れると分かったこともある。でも、やっぱり身近で支えてくれる人の姓で出るべきだと思った。それが一番大きい」（中略）

五輪マークをかたどった結婚指輪のデザインを自ら描いて持ってきた康司に、日登美は感動した。「女の夢をここまで考えてくれるなんて。私は、この人のために勝ちたいと思った」[*29]

彼女らのようなトップアスリートが家族やチームの支えなしに成功することは非常に難しい。男子選手の場合は、家族や周囲の人々がエリート選手の生活を支えることが当然視され、家族や周囲の人々からのサポートについての記述が大半を占める記事が書かれることは少ない。むしろ、日本の卓越した男子選手たちは、独立し、自身のキャリアを自ら描き、自分の力でチャンスをものにした存在として描かれる。同時代に活躍したイチローや中田英寿、本田圭佑などは、そういったイメージの代表的存在だろう。

ここまでは、サッカーとレスリングで活躍する女子選手についての言説の中で、男子選手がオリジナルとして、女子選手をその（逸脱した）コピーとして構築し、男性によって導かれる娘や妹、妻として位置付けることで、ジェンダー規範から逸脱した彼女らのたくましさ、成功を異性愛主義と家父長制に回収していく語りを考察してきた。その一方で、こういった規範的言説は、女子選手たちの活躍がもつ社会的影響力と彼女らの身体やパフォーマンス、成功、アイデンティティに対して付与されていく新たな意味、そして「男の領域」とされたスポーツで活躍する姿そのものによって常に「トラブル」に直面してもいる。こうした日本の規範的「女らしさ」と選手たちの身体能力とパフォーマンスの間に起こる摩擦は、新たな生産的緊張をもたらし、同時にその緊張を解消し、ジェンダートラブルによって刻まれたジェンダー規範と秩序の亀裂を修復する多様な言説戦略（discursive strategy）が生み出された。

3　再意味化——変化する「女らしさ」とスポーツの関係性

前節で見てきたように、二〇〇〇年代を通じて主要メディアはサッカーを男子のスポーツとして、また女子選手たちを周縁的な存在として繰り返し描き出してきた。この言説は、二〇一一年に起きた東日本大震災後のなでしこジャパンの活躍を解釈し祝う記事の中にも現れた。だが、女子サッカーチームが世界的に大きな活躍を見せ始めた二〇〇〇年代中頃からこれらの言説に興味深い変化が現れる。サッカーにおける男子の支配的な位置は、なでしこジャパンが世界的な活躍を見せ始め、特に二〇一一年のW杯で優勝したことによって大きく揺さぶられた。なでしこジャパンへの日本メディアの大きな注目と連日の報道は、サッカーをする女性が多くいるだけでなく、非常に高度なレベルでプレーすることを社会に広く知らしめた。一度国際舞台での女性の活躍が男性よりも上回ると、日本の規範的女らしさという言説資源を彼女らの弱さや周縁性を説明するために用いることはできなくなった。さらに、七月一一日、国を挙げて彼女らが成し遂げた歴史的勝利を祝福する際に、主要メディアは彼女らの成功を、バブル崩壊後の二〇年にわたる不景気とそれにとどめを刺すかのような3・11大震災と原発事故によってダメージを被った国民国家イメージの再建に動員した。なでしこジャパンは、世界で最も人気のあるスポーツといえるサッカーで日本代表の剛勇さを示し、日本人選手が世界の覇者となることができるという新たな国民のイメージを可能にした。たくましい活躍を見せた女子選手たちは、このイメージ構築の中心部分をなす存在であり、もはやジェンダー規範を逸脱した存在として、日本女性のイメージの周縁に追いやることはできない。彼女らの活躍を伝えるメディア言説はこうした矛盾を克服し、新たな日本人像の構築の中で女子選手らを規範的な「日本女性」像に回収する。

男の優等性から女の特殊性へ

なでしこジャパンの活躍が目立つようになってからも「男子との練習の効果」というロジックにはあまり変化がない一方で、男女の選手で効果的なコーチングのスタイルが異なるという言説がより強調されるようになる。女子選手の「女らしさ」が成功を妨げているので、男のようになることが重要であると説く同化主義的ロジックは、日本女子の活躍が目覚ましくなるにつれて、海外の選手とも日本の男子とも異なる日本女子の特殊さにあるとするロジックに変化していった。

「女性の特殊性」にスポーツをする上での肯定的な意味を見出す言説は、それまでの「女の弱さを克服し、男のようにならなければ強くなれない」とする言説とは異なるものである。女子選手の活躍が男子選手の活躍を上回ったとき、女性を男性と区別する「特殊性」に注目することで、女性を男性よりも優れた存在ではなく、優劣を測れない、「異なる」存在として構築する。これまで男のスポーツとされてきた競技をする女性の競技力の評価においてネガティブな意味が付与されてきた「女らしさ」が、男子以上の世界的な活躍によってポジティブな意味を付与されるようになったのである。

この「ポジティブな女らしさ」とでも表現できる性質は、以前なら彼女らの依存性として否定的に見られた監督や戦術への忠実性や、「よっぽど好きじゃないと続かない」と言われたスポーツへの熱意などが含まれる。次項で詳しく述べるが、世界の覇者となった女子選手たちは、純粋でひたむき、我慢強く、強い意志を持ったストイックで忠誠心のある存在として構築されるようになり、彼女らのこうした性質が試合成績と同様に称賛されるべきものとして語られるようになった。[*30] 女子選手たちは男子の試合にありがちな、どんな手を使っても勝つという勝利至上主義的態度ではなく、フェアプレイに徹し、試合を楽しむことで、見る側にも喜びをもたらした。[*31] そして彼女らの熱意とスポーツへの愛情は、不利なトレーニング環境を克服し、厳しい試合に勝利し、世界の承認を得たのである。[*32] また、女子選手は将来プロの選手として生活できる可能性が極めて低いために、リクルートに関わる監督を喜ばせるというプレッシャーから自由であり、リスクのあるプレーでも創造的に行うことができると解説される。[*33]

〔川淵氏は〕転んでもすぐ立ち上がり、審判の判定に文句を言わずプレーに打ち込む姿にも心打たれたという。「Jリーグの選手にも見習って欲しい」と、W杯16強の男子の奮起を促した。[*34]

「最後まであきらめない」。祝日の早朝、そんなメッセージがフランクフルトから届いた。（中略）俺が俺がのプレー、汚い反則や抗議がなく、ボール回しを楽しめた。なでしこは国を励まし、世界を驚かせ、この団体球技の面白さを教えてくれた。雑草の根っこを持つ大輪たちに感謝したい。[*35]

印象深いのは、男子とは違う、その伸びやかな戦いぶりだ。相手の猛攻にひたすら耐えるだけではない。肩に無駄な力を入れず、結果を恐れず、素早いパス回しとセットプレーという武器を存分に生かした。（中略）恵まれない環境でサッカーを続けてきた日々を思えば、さほど苦しくなかったのかもしれない。ＰＫ戦前の円陣には笑顔すらあった。悲壮感や根性論とは無縁の、スポーツの原点である「プレーする喜び」が彼女たちの全身からあふれていた。[*36]

これらの言説では、以前は弱さの原因とされたスポーツに対する「フェミニン」な態度に新しい意味が付与されている。しかし、彼女らの熱意やインスピレーションを与えてくれるパフォーマンス、忍耐、倫理的プレーは、それらだけを取り上げて語られることはない。彼女らの評価は、それが肯定的なものであれ否定的なものであれ、常にオリジナルとしての男子のパフォーマンスと比較して評価されるのである。

彼女らの「純粋」さや複雑なグループ戦術を遂行する能力は、彼女らのチームと監督への忠誠心として解釈され、彼女らを男性監督に純粋に従う忠実な追随者と見なし、男性監督を彼女らのトレーニングをし勝利に導く家父長制的関係性の中に位置付ける。

二〇〇七年の『Number』に、スポーツジャーナリストで元プロサッカー選手の吉崎エイジーニョが、なでしこリーグの浦和レッズレディースの練習に参加し、選手や監督にインタビューした記事[*37]がある。吉崎は、練習最後の四〇分間走に参加しながら、法師人美佳選手に「女子サッカーの魅力って?」と質問する。それに対して法師人選手は、

「『監督の狙いは何かな?』と考えて観戦すると面白いはずです。男子よりも、監督の影響力が大きいと思う。ピッチ上でも狙いを忠実に実践しようとするんですね」

そうだよね。確かにみんなピュアだった。(中略)ほとんどの選手がアマチュアなのに、ほぼ毎日2時間近くハードな練習をこなしている。ホント、純粋にボールを追いかけているんだ。

と感想を述べた上で、永井監督の次の言葉を引用する。

永井監督もこうおっしゃる。「選手がよく泣く。これが、男子との違いのひとつですね。プレーの出来が悪いと泣き、負ければ泣き、メンバー外になると泣く。『女の涙には負けんぞー』と思って指導しています」

北京五輪を控えた二〇〇八年、朝日新聞は当時女子代表監督を務めていた佐々木則夫に男女のチームの差についてインタビューしている。それに対し、佐々木は「大変と言われるが、そんなことはない。予想以上に選手が前向きだし、生き生きしている。男子よりも反応がいいし、吸収力があると感じる[*38]」と答えている。

その四年後、ロンドン五輪が始まる直前に『Number』が日本代表をW杯優勝に導いた佐々木則夫への四ページ

にわたるインタビュー記事を掲載した。「〔ロンドン五輪に誓う〕佐々木則夫はなでしこを美しく磨く」というタイトルの横には、「日本人が世界で勝つためには、日本らしさを極めるしかない。指揮官佐々木則夫はこの信念を貫き、なでしこを世界一へと導いた[*39]」という言葉が添えられている。この記事では、佐々木が身体的に不利な日本女子チームを、体格が大きく強いが組織力と技術力で劣る外国のチームと互角に戦わせるための準備をいかにしていったかに焦点を当てている。

この記事の後には、世界チャンピオンとしてロンドン五輪に挑む女子代表チームへのイビチャ・オシム元男子日本代表チーム監督からのアドバイスも載せられている。オシムは、

伝統的な日本社会は男性が主役で、女性は陰の存在だった。だが、実際には社会を支えていたのは女性で、彼女たちが家庭を守り、子供を育てたからこそ、男性も仕事に専念することができた。ところが男性は、仕事と金に囚われすぎているように私には見えた。仕事をしては稼ぎ、また仕事をしては稼ぐ。その繰り返しで疲弊し、自分を表現する余裕も機会もない。日本社会で本物の生活を送り、自己表現ができる本物の人生を歩んでいるのは、実は女性のほうであった。なでしこがそれを証明した。精神的に望ましい環境さえ得られれば、何でもできる。[*40]

そしてこの精神的な強さこそが、日本の女子チームを実力が上の米国やドイツに勝利させる道を開いたと述べる。また同じくロンドン五輪後の二〇一二年一〇月に、女子サッカーを長年にわたって指導してきた経験を活かして本を出版した高校教諭の長島猛人にインタビューした記事が朝日新聞に掲載された。本のタイトルは『女子サッ

カーはおしゃべりプレーヤーを気くばりコーチング』である。長島は、その著作が「サッカーのみならず、若い女性の集団心理が理解できる『女性学』の本になるよう心がけた」と語っている。[*41] 長島が県立浦和高校で男子サッカー部の監督を務めていたころは、彼はスパルタ式で指導をしていたという。だが、それは女子には通じなかった。

浦高時代は「うるさい、とにかくやれ！」とスパルタ式だったという。ところが、それが一女（県立浦和第一女子高）では通じない。戸惑いながら、やがて「女子サッカーは男子サッカーとは別の競技。指導法も違って当たり前」と開き直った。（中略）
一方で長島さんが驚いたのは、女子の方が男子よりも闘争心が強く、負けず嫌いだったことだ。（中略）練習も「ゆるく、長く」。女子選手たちはお菓子を食べながら、いつまでも飽きずにボールを追った。[*42]

これらの言説では、女子の特殊性の意味が明確にシフトしている。練習環境やスポーツの取り組み方、効果的なコーチングスタイルなどが男子選手と女子選手を差異化する要素として描かれる。こうした差異化は性別二元性を強化し、女子選手をジェンダー規範と旧来の秩序の中に回収していく。このような言説はまた、女子選手の活躍の要因を純粋さ、忍耐、忠誠心といった、女性の特徴として語られる資質に見出そうとする。これらの資質は、プロ選手として生計を立てるという目標を持ち、優秀であれば恵まれたトレーニング環境を与えられる男子選手には獲得できないものとして、巧みに男女を差異化し、女子選手の恵まれない環境が彼女らの勝利の要因として美化される。
これは、二〇〇〇年代初冬に日本の女子レスラーたちが活躍した際の語りを想起させる。女子サッカーとは異なり、日本の女子レスリングは、レスリングが女子のオリンピック競技として採用される二〇〇四年より以前から国際舞台で活躍してきた。そして選手の多くが女子レスリングの名門、至学館大学（前中京女子大学）の出身である。当時の至学館大学のチームは、男女の身体的精神的違いを知っているとされる栄和人が監督をしていた。栄監督は女子に適した指導ができ、男女混合であったり、男女を同様に指導する環境よりもよい成績が残せたりするのだと説明される。*43

『Number』のある記事では、男女別にトレーニングすることの利点を次のように説明する。

力だけ強くても、強いレスラーにはなれないのと同じように、強い男子選手といくら練習をしても、強い女子レスラーにはなれない。（中略）

男性では怪我してしまいそうな負荷が関節にかかっても、女性だと苦痛なく曲がることがある。しなやかな女性の肉体は、微妙に重心が狂う。男性とは技のかかる場所が違う。*44

このように、女子サッカーについての語りでも見られた女子選手の身体の特殊性と練習環境、スポーツに取り組む態度などから男女を差異化する言説は、異なる時期と文脈においても現れる。女子サッカーがまだ社会での認知が低く、国際試合でも弱小のマイナースポーツだった時代には、選手らの女らしさは、マイナースポーツとしてのステイタスとともに弱さの原因として語られた。しかし、彼女らが世界で通用する競技者になるにつれ、まさにそうした男子選手とは異なる女子選手の特性（とされるもの）が成功の要因として解釈されるようになった。このような「修復」の言説で見えなくされているのは、女子の活躍以前には成功への鍵として語られた男らしさや男のような性質についての議論である。二〇〇〇年代の終わりごろから世界で活躍する日本女子選手たちは、「大和撫子（やまとなでしこ）」

らしさを克服し、男性のようにプレーする存在としてではなく、日本女性として新たな意味を付与され、再構築されていった。

大和撫子からなでしこジャパンへ

「なでしこジャパン」は、日本女子サッカー代表チームがアテネ五輪で驚きのパフォーマンスを見せた二〇〇四年、チームの公式な愛称として採用された。二〇〇〇年代初期には、日本の女子サッカーチームはまだ国内においても国際的にも広く認知されておらず、「大和撫子」は日本の女子選手の好ましくない特徴を表す比喩として使われていた。たとえば、当たりの激しいスポーツにおいて「日本人はちょっと優しすぎる」[*45]や、女子選手は指示したことはそのまま取り組むが、「臨機応変ということを知らない」、あるいは女子選手は集団でまとまって行動をし、「一人ひとりが高い意識を持った上で、団体行動をするなら問題はないんですけど、束になって『これくらいでいいんじゃない?』と妥協しちゃう」といった語りだ。[*46]

ところが、二〇〇〇年代中頃から、「大和撫子」に与えられる意味が変わり始めた。女子選手たちは恵まれない環境にありながら、忍耐強く一生懸命努力し、フェアプレイに徹する「清貧」であると讃えられるようになった。[*47]北村文（二〇〇九）が指摘するように、日本の規範的女らしさは、「純愛」「貞節」「無邪気」という花言葉を与えられた日本原産の花、大和撫子のイメージを通して想像される。小さく可憐に咲く姿が汚れなく純潔で、弱く儚い、従順な女性の様子として連想される花である。しかし、日本の女子サッカー選手は、二〇〇四年以降、なでしこジャパンの愛称で親しまれ、自らの屈強さと創造的なプレーを通じて、この花のイメージを揺さぶり続けてきた。この意味の揺らぎ、「トラブル」がたとえば次のような記事や読者オピニオンによく現れている。

オリンピックは、女子サッカーの中で最高レベルの戦いです。その中で、原選手がトップアスリートとしての能力の高さと同時に、冷静で、美しい大和なでしこの姿をピッチで見せてくれたことに感激しました。[*48]

大和撫子（なでしこ）とも言われ、日本女性の清らかさや美しさをたたえる名称として親しまれてきた。（中略）弱々しくてなよなよとしているのではないかという思いとは全く違っていた。

　炎天下でもたくましく生きる、美しいナデシコにほっとさせられた。[*49]

日本のなでしこはたくましい。朝から夜までアルバイトをして遠征費用を捻出した選手もいたそうである。[*50]

植物図鑑を書き換えたい。ナデシコはもう花の名を超えている。（中略）おめでとうの前に、ありがとう。思えば震災以降、彼女たちの活躍がなければ、日本はもっと沈んでいただろう。花の名を元気の素（もと）にしてしまうスポーツの底力を思う。なでしこ、今はまぶしい愛称である。[*51]

　これらの例からは、「大和撫子」という言葉の意味が徐々に強さとしての「日本女性の特殊性」とされるような性質へと明確にシフトしているのが見て取れる。このシフトは、ジェンダーを超えて、国民アイデンティティの一部として「なでしこ」という記号を引き受けることを可能にした。それと同時に、激しい身体コンタクトを伴うサッカーというスポーツで世界を相手に果敢に勇壮に戦う選手たちを「日本女性」の中に再び位置付けている。このナショナリズムとジェンダートラブルの関係性については、次章で詳しく述べる。

4　再引用・撹乱・修復——女性のマスキュリニティを規範化する

本節では、分析の焦点を異性愛規範に基づく女子選手の言説構築から「ジェンダートラブル」と「修復」のプロセスへと移行する。ここでの分析は、トレイシー・モリソンとカトリーナ・マクロード（Morrison & Macleod, 2013）が提示したパフォーマティブ―パフォーマンス分析法を援用する。モリソンらは、バトラーの行為遂行性（performativity）概念を用いて質的データ（インタビュー）を分析するためにこの分析法を提案した。その中でモリソンらは、語りの中にある言説資源を特定した上で、その資源がどのような立場からどのように使用されるのかについて、「位置（position）」、「問題（trouble）」、「修復（repair）」というキーワードを用いながら分析している。ただし、本研究では、モリソンらが用いたインタビューデータではなく、メディア言説を分析対象としているため、モリソンらの概念に若干の変更を加えつつ援用する。

二面性——スポーツ空間の内と外

まず、女子選手についての語りの中で、選手たちが見せる二つの側面を併記する言説戦略（discursive strategy）を考察する。ここでの二面性とは、女子選手たちが持っているとされる選手としてのマスキュリン（男らしい）な顔と、スポーツの場を離れたときに見せるフェミニンな顔のことだ。この二つの顔は、矛盾する別々の要素として描かれ、特にマスキュリンな側面は非日常のスポーツの空間に留まり、スポーツの外側の「日常」空間にはみ出してこないものとして語られる。マスキュリンな側面をスポーツ空間に限定することで、一見すると男らしい女子選手たちを、より規範的で受け入れやすい存在に再構築する。言い換えれば、彼女らの勇猛さがスポーツの外側にはみ出してこないことを前提とした上で、国民的ヒーローとして、認知されているのである。

メディア言説の中で、女らしさの規範とアスリートとしての優越性は、様々な形で並置される。この分かりやすい例は、「強く、正しく、美しく!」というタイトルが踊る『Number』の女子アスリート特集号だ。[*52] この特集号では、女子選手の強さや技術が、見た目の美しさといった規範的女らしさとともに書かれている。この美とスポーツスキルの併記は修復的言説として重要な役割を果たし、女子選手が国際舞台で男子と同等かそれ以上の成績を収めたときに特に顕著に見られるようになった。

また、努力家で忍耐力のある選手として語られる場合、女子選手の女性性と男性性は異なる空間で発揮される異なる性質として描かれることが多い。アテネ五輪のときのサッカー日本女子代表チームでキャプテンを務めた磯崎浩美は、当時田崎真珠に所属していた。男女を問わず実業団のチームに所属する選手の多くがそうであるように、日中は会社での仕事をこなし、夕方からグラウンドに移動し、エリート選手としてのトレーニングに取り組んでいた。磯崎は国代表チームのキャプテンを務め、アテネ五輪で決勝トーナメントまで進出するという歴史的偉業を達成した選手である。しかし、当時の彼女を取材した『AERA』の記事で、磯崎は「真珠球ではなくサッカーボールを操る戦士に変身する」[*53]と表現されている。この記事のタイトルは「女子蹴球11楽坊の面　五輪戦士たちの意外な素顔」と、当時日本でも大きな注目を集めた中国の女子十二楽坊にかけたものだ。決勝戦に進出したサッカー日本代表チームは、古楽器を操る美人集団にたとえられ、そのキャプテンという女性スーパーヒーローは、特別な時間にだけ「変身」して現れ、日常においては「普通」の女性と位置付けられる。

朝日新聞の記事では、高校の女子サッカー選手について、「チョコレートが好きな女子高生」としての「素顔」

を取り上げている。[54] ここでは女子高生とチョコレートという言葉が可愛らしい普通の高校生の女の子という印象を前景化し、それがその選手の自然な側面として描かれる。サッカーに献身するアスリートとしての彼女が自然な姿とは異なるものとされることで、ジェンダートラブルの可能性が修復されている。類似の表現として、高校女子サッカー部の男性監督の「普段はみんな普通の女の子。練習前なんかキャピキャピしてますよ[55]」という言葉を引用している記事もあった。

これらの言説戦略は、女子レスラーに関する記述でも見られ、しばしばレスラー自身や周囲の人の証言の形をとる。飯田（二〇〇三）が指摘するように、女子選手は新聞の「ヒューマンドラマ」、すなわち競技する姿ではなく、その裏側についてのストーリーに関する記事によく登場する。これらの舞台裏ストーリーは、スポーツ空間の外側、すなわち女子選手の素顔の女らしさが現れるとされる場所から語られるのである。

朝日新聞のある記事では、世界選手権で五回優勝し、オリンピックで銅メダルを獲得した浜口京子にレスリングマットの外側の生活について質問している。それに対して浜口は、「枕元に置いている熊のぬいぐるみ、遠征にも必ず連れていきます。あと、ディズニー映画が大好き。マットを降りるとけっこう、子供っぽいかも（笑）[56]」と応じている。

他の例では、今ではレスリングの伝説的選手となった吉田沙保里が、当時恋をしているとネット上で噂された井端弘和に会うために野球場を訪問した出来事について書かれている。その記事は、その日の吉田の様子について、

> この日の吉田はベージュのワンピース姿。「今度、焼き肉を食べに行く約束をしました」とはしゃぎ、マットの上での勇ましい姿とは違う一面を見せた。[57]

と記述している。この記事では、ベージュのスカートが女性らしさを印象付けるだけでなく、オリンピック連覇中の選手として訪問を受けるのではなく、男子のプロ野球選手をファンの一人として訪問するという出来事を取り上げることで、異性愛の規範的役割の中に吉田を位置付ける。

同様に、選手たちに食事を作り続ける六一歳の女性が知っている、世界のトップに君臨するレスラーたちの素顔について、次のような言葉でまとめられている。

> 選手たちのことなら、たいてい知っている。野菜のから揚げや小芋の煮っ転がしが、みんな大好物なこと。異性の話になるとやっぱり盛り上がること。[*58]

レスリングの裏側に迫った記事は他にもある。『Number』の二〇〇一年の記事では、女子レスリングのトップの選手たちが厳しい練習をこなす「聖地」とも呼ばれる山奥の道場を記者が訪ねる。その記事は「山奥道場に咲く花」と題され、その道場はあまりに山奥であるため、「ファッション雑誌やお菓子がいつでも手軽に買えるコンビニは、車で何十分も走らないとたどりつけない」との記述が添えられている。[*59] さらに、その道場でのトレーニングはあまりに厳しく、監督らを恨みたくなることもあるが、「でも、彼らほど自分たちのこと、女子レスリングのことを本気で考えてくれる人はいないこともよく知っている。だから、すべてを信じてついていきたいと思う」と締め括られる。この記事では、山奥の厳しい道場できつい練習に励む選手たちが、ファッション雑誌やお菓子が簡単に手に入らないことを困難な状況として経験する存在として描かれ、そこに赴く自主性よりも「信じてついていく」という受け身の姿勢が強調されている。

ここではフェミニンな側面が、強さとマスキュリニティと並置されつつ、異なる空間に配置されていることに改めて注目したい。記事のタイトルの横には、小さな文字で次のような言葉が書かれている。

コンビニ無用！　ケータイ不通！　恋愛……ひとまず自粛!?　女子レスリング界を背負って立つ、世界最強の女の子たちは、戦う相手を求めて、今月もまた山道をたどる

この道場に集う選手は、世界のレスリング界を牽引する日本レスリング強化チームの選手らである。彼女らは深い山道を辿ることで、お菓子やファッション雑誌、携帯電話に恋愛のあるいつもの空間から切り離され、山奥の道場に集まってくる。この空間的移動は、フェミニンな側面を彼女らの「日常」、「普段の彼女たち」に結びつけつつ、強さや禁欲といった彼女らが発揮するマスキュリンでストイックな側面を山奥という「非日常」の空間に隔離する。

スポーツと日常を分離し、それぞれにマスキュリニティとフェミニニティを配置するこれらの言説では、スポーツの外側でも彼女らが強くたくましい可能性が不可視化されている。これは日常と選手としての強さ、たくましさが分離して語られることがほとんどない男子選手についての語りとは大きく異なる。マスキュリンなスポーツにおいて、男性は自然な存在であり、日常と矛盾することがない。このように、女子選手の「二面性」を強調する言説は、規範的女性性と異性愛を言説資源として用いつつ、男女の選手とマスキュリニティの関係性を異なった形で構築している。

これらの言説は、既存の言説資源を用いつつ、身体のあり方、スポーツパフォーマンス、そしてジェンダー表現

がジェンダー規範に収まらないマスキュリンな女子選手を規範化し、修復するための言説戦略と見なすことができる。こういった言説戦略は、マスキュリンな女子選手を認知可能な存在、規範的日本女性像の内側に引き込むことを可能にする。この修復と規範化は、女子選手らを「想像の」日本人として取り込み、異性愛主義家父長制の秩序に対する脅威とならない存在としてその内側へと取り込む上で必須の作業である。

献身、禁欲、異性愛の前提

ここでは、先ほど登場した「山奥道場に咲く花」の記事を再び取り上げ、異性愛についての語りという側面から、修復的言説の作用について見てみよう。副題として添えられた「コンビニ無用！　ケータイ不通！　恋愛……ひとまず自粛!?」という言葉は、そこに集う選手たちが成功するために我慢しなければならないものとして、フェミニンな興味（お菓子）と外とのつながり（携帯）、そして文字通りの恋愛が挙げられている。この言説は、厳しいトレーニングに耐え、「男のスポーツ」に取り組み、屈強な身体を持ち、（異性愛の）恋愛話があまり聞かれないというジェンダー規範からの逸脱をスポーツへの献身と専念という語りを通して修復するものだ。

次節でより詳細に述べるが、この言説は、サッカーやレスリングといったマスキュリンなスポーツをする女子選手たちのスポーツへの情熱を、彼女たちのスポーツへの献身と専念につなげ、そしてそれがゆえにフェミニンな関心事に取り組む時間がなく、恋愛も遠ざけるというようにつなげられるナラティブである。このナラティブでは、スポーツにかかわらず、ジェンダー表現がマスキュリンである選手や、異性との恋愛に関心のない選手がいないことにされる。サッカーやレスリングの代表チーム写真を見ると、選手たちは、みな鍛え上げられた身体を持ち、フェミニンとは形容しがたい服装や髪型、仕草、表情を見せる選手も多くいる。しかし、主要メディアの報道ではこうした選手のマスキュリニティは、彼女らの性的指向や性自認から切り離して語られるか、まるでタブーであるかのように一切言及されない。

女子サッカーとレスリングの選手たちが見せる一心不乱な競技への取り組みは、たとえば次の事例のように彼女らの生活における友人や異性との関わりに関連付けて語られる。

練習で友だちと遊べない日々が続く。安藤選手は「日本代表で中国に行くために、今は頑張らなきゃいけない時期」と、わき目もふらずに世界レベルを追い求める。[*60]

――練習や試合のない日には何を。

何もしない日もあるし、ちょっと街に出て買い物とか。服を買うのは好きです。（中略）チームメートと、グルメプラス温泉のちょっとした日帰り旅行もします。

ボーイフレンドですか？　時間的に難しいですね。[*61]

「結婚や出産も意識しないわけではない。でも、サッカーが出来るのは今」という。「目標に近づくほど女っ気はなくなりますね」と笑った。[*62]

学校は仙台市中心部近くだが、放課後のカラオケや、おしゃれに興味を示さなかった。「余計だと判断したものはそぎ落とす。ストイックだった」と阿部監督。[*63]

——五輪の先、人生の目標というと？

沢：分からないです。

——女性として、でも（笑）。

沢：結婚できればいいな、とは思いますけど。今はアテネのことでいっぱいいっぱい。[*64]

最後のインタビュー記事では、澤の人生の目標が「女性の目標」とは異なっていることが示唆されている。オリンピック以外に人生の目標を今は考えられないと答えた澤は、その違いのニュアンスを読み取り、結婚への希望について語っている。「女性として」の目標は、サッカーでもその他のキャリアでもなく、異性との結婚であり、女性にとってスポーツキャリアはあくまで二次的なものであるという共通認識が社会にあることを示唆する会話である。これを逆に男子の代表チームのキャプテンに「人生のゴールは？」と尋ねた後に、「男性としてのゴールは？」と質問を続けることがとても想像しづらいことからも、男女の人生におけるスポーツの位置付けについての社会的認識が異なっていることがわかる。

『Number』が二〇一二年に出した記事において、澤は自身の人生を変化させた二〇〇三年の出来事について語っている。[*65] それは彼女がプレーしていた米国のプロサッカーチームが突如活動停止したときのことだ。この記事によると、澤はそのとき、プロのサッカー選手のキャリアを諦めて当時付き合っていた米国人のボーイフレンドと結婚をし、米国に定住することを考えたという。このナラティブは、自身のパーソナルライフよりもスポーツキャリアを優先させる、すなわちプレーしている間は恋愛しない、という献身的な女子選手の言説構築のパターンに当てはまる。ここで前提とされているのは、女子選手にとってボーイフレンドはスポーツにおける成功を妨げうる存在であり、いったん結婚したらスポーツキャリアは諦め家庭に尽くすというジェンダー規範に従った選手像である。これは、二面性を持った女子選手という言説構築を強化するだけなく、結婚しない、あるいは国によってはできない（日本人を含めた）クィア・アスリートの存在を不可視化する。さらに、この言説が度々繰り返されることは、日本のメディアがジェンダー規範と異性愛主義の枠組みから抜け出せず、それゆえに女子選手たちのマスキュリニティやボーイフレンドや夫の不在に対して、より多様な意味や語りを見出すことができないことも示している。

この言説は、女子レスリングについての語りにも現れるが、そこでは身体的な強さと異性愛の関係性が作り出されていることが特徴的である。オリンピックで二度銀メダルに輝いた伊調千春は、ある新聞インタビューの中でボーイフレンドを作る時間はあるかと尋ねられ、次のように答えている。

今は目標があるので考えていませんね。そういう気持ちになると、なんか体に表れてくるんですよね。筋肉が落ちたり、集中できなかったり。そんな選手を何人も見てきましたから。[*66]

他の記事では、浜口京子の「今はレスリングが恋人[*67]」という言葉を引用している。また、次に挙げる吉田沙保里の家族のサポートについての語りにおいても、吉田が幼いころからフェミニンな関心を生活から排することでレスリングに徹してきたことが強調されている。

吉田が「ピアノを習いたい」と言ったことがあったという。しかし父は「ピアノが弾けてもレスリングはうまくならない」と強い口調で言った。[*68]

これらの語りの中では、女子選手たちのマスキュリンな見た目についての直接的な言及は避けられているものの、「見た目を気にしない」や「短髪は〔スポーツへの〕献身の証」といったほのめかしがある。そこでは自分の好きな見た目としてショートカットをしていたり、化粧をしていなかったり、好んでフェミニンではない格好をしている可能性はなかったことにされる。

その一方で、フェミニンな見た目の選手について競技成績が維持されている限りにおいては「スポーツへの献身が足りない」と批判的な記事を書かれるケースはなかった。たとえば、二〇一一年のW杯に出場したなでしこジャパンのメンバーの中で、長い髪と大きな瞳をした、よりフェミニンな見た目の川澄奈穂美や丸山桂里奈、鮫島彩といった選手は、同等かそれ以上の活躍を見せた、ボーイッシュな見た目の海堀あゆみや近賀ゆかりといった選手よりもメディアの露出がはるかに多かった。W杯の劇的な勝利の立て役者となったゴールキーパーが海堀だったことを考えると、単に華やかな攻撃陣と地味な守備陣という区別では説明がつかない。

こうしたジェンダートラブルを修正する言説戦略は、家父長制とそれを支える異性愛主義を維持強化するが、同時に普通と普通でない存在の間に「第三」のジェンダー空間を生み出す効果をもつ。そしてそこから立ち上がるのが、「体育会系女子」の言説である。

体育会系ＤＮＡ？

体育会系という言葉は、運動部活動に所属する人や運動部そのもの、「根性」や「気合い」で難局を切り抜ける態度やチームワークと上下関係を重視する価値観、あるいはそれらを体現する会社や組織など、様々な事柄を指して使われる。「体育会系は就職で有利である」、「チームワークができる」など肯定的に語られることがある一方で、

「後輩や目下の者に高圧的である」や「言われたことはできるが自分の意見がない」、「個性がない」と否定的に見られることも少なくない。

そのような「体育会系」という存在が具体的にどのような人物として社会で理解されているのか、それが社会においてどのような意味を持つのかについていくつかの興味深い考察がなされている（例：東原、二〇〇八、二〇一一、片岡、二〇一九など）。

『Number』に書かれた次の文では、スポーツをしていた女性を規範的で家父長制、資本主義社会に有用な、つまり既存の社会秩序に脅威とならない存在として言説構築する中で、「体育会系」を作り上げる様々な言説資源が用いられている。

> 「女の子がスポーツなんて」と顔をしかめる男性、親御さんはいませんか？　何より、スポーツ選手の貴女、「練習がきつい」「コーチに怒られるのはもう嫌」「もっと他のことがしたい」なんて思ってはいませんか？でもちょっと待って！　かつて、一〇代の青春をスポーツに捧げ、汗と涙にまみれた元美少女アスリートたちは、それを糧に素敵な大人になっているのです。
>
> 自己鍛錬、体力、精神力、根性、向上心、探究心、忍耐力、組織力、対応力——彼女たちに宿る大きく、強いエネルギーは、アスリート時代に育てられた。[*69]

ここでは、体育会系女子は「自己鍛錬、体力、精神力、根性、向上心、探究心、忍耐力、組織力、対応力」がある存在とされている。これらは東原（二〇〇八）が述べる体育会系のステレオタイプと共通しており、大きなジェンダー差は見当たらない。またこの記事は、「［みんな元気だよ!!］今だから認める『体育会系なワタシ』」と題され、その下には「Really Beautiful, Truly Athletic 2001 強く、正しく、美しく！」の文言がある。本当に美しく、真に強健（Really Beautiful Truly Athletic）である、という表現には、強くたくましい体育会系女子に対する不安が見え隠れする。スポーツが得意で真に強健であるだけでなく、同時に美しくなければならないのである。またこの記事にはエリートレベルで競技をする女子選手たちの写真が載せられているが、みなパッと見はフェミニンで魅力的な、競技から引退した後もキャリアを積んでいる女性たちだ。美しく、かつ経済的に有用な元女子選手であるという特徴は、この記事の筆者がマスキュリンな性向を持つ女性たちが受け入れられるべきだと主張する前提となっている。逆にいえば、「女の子がスポーツなんて」と顔をしかめる男性や親の態度は、彼女らが美しく経済的に有用な性質を獲得していない場合は正当であると認めるということでもある。

強健なだけでなく、「男らしい」スポーツをプレーする女子選手たちが引き起こすジェンダートラブルは、選手の見た目がフェミニンでない場合、つまり「美しいからＯＫ」というロジックを用いない場合には、その修復に「気質」や「遺伝子」といった、変えることができない個人の特徴が言説資源として使用されていた。この言説戦略においては、子ども時代の「おてんば娘」ぶりや、親から受け継がれた負けず嫌いな性格といった特徴が強調される。たとえば、高校の男子サッカーチームで唯一プレーする女子選手について、それを可能にしているのは、「持ち前の負けん気」[*70]であるという語りである。他にも中学生でレスリングに取り組む女子選手については「もともと負けず嫌いの性格」[*71]と形容されている。「天才の育て方」という連載タイトルの新聞記事では、吉田沙保里の母の言葉で幼いころの吉田のジェンダー表現や好みについて書いている。

フリルがついた服など女の子らしい格好をさせたが、男の子と体を使って遊ぶことが好きだった。物心がつくころには「おちんちんが欲しい。立っておしっこがしたい」と言いだす。小学生になると、スカートをはかなくなった。*72

この記事では、家で兄たちにレスリングを教えていた父の影響で吉田がレスリングを始めたことについても語られている。興味深いのは、吉田の「男らしい」性向について、彼女のジェンダー表現や家族全体がレスリングに取り組むという環境を通じて説明されているが、この語りそのものは日本で典型的なFtMトランスジェンダー（出生児に女と判定されたが、性自認が男性であるトランスジェンダー）、あるいは性同一性障害の語りに極めて近い形を取っていることだ（「規範的トランス・ナラティブ」については第六章で詳しく論じる）。この二つの語りについて唯一の違いは、吉田は明確に女性の性自認をしている（少なくともトランスジェンダーであるという表明は行ったことがない）ことだけだ。

次の新聞記事では、作家である筆者は自身を「文化系」と述べた上で、元サッカー選手という体育会系女性との出会いを次のように語っている。

> 黒シャツの袖をたくし上げ、背筋を伸ばし、一切の媚びを排したぶっきらぼうな敬語で話す女子バーテンダーに興味をそそられ、そのバーに2日続けて通ってしまった。元ヤンキーと睨(にら)んだが、元サッカー選手だった。（中略）
>
> 警察官を父に持ち、男兄弟に挟まれて、もっぱら野球やサッカーに興じていた少女時代から、そのままソフ

トボール選手になり、サッカー選手になったという。これまでも文化系の人とはほとんど付き合いがなかったそうで、どんな男を恋人にしたいかと露骨に聞いたら、何の迷いもなく「警察官がいいです」と答えたので、びっくりした。（中略）体育会系と文化系のあいだには埋めがたい溝があるのも事実で、この溝はＤＮＡに由来する。強い男に憧(あこが)れる遺伝子を母親から受け継ぎ、男同士の友情を大事にする遺伝子を父から受け継いだ娘はやはり体育会系の男しか愛せない女になる。*73

この記事の筆者は、まずこの女性バーテンダーを「元ヤンキー」と捉えている。つまり、彼女の黒シャツの袖をたくし上げ、背筋を伸ばし、ぶっきらぼうで媚びを排した敬語で話すというマスキュリンな身ぶりと話しぶりは、興味をそそられるどこか変わった存在として認識されている。しかし、このバーテンダーが元サッカー選手であること、家族が体育会系の家族に生まれていることで、バーテンダーの変わった様子や、バーテンダーと文化系の筆者とを隔てる「深い溝」が、一瞬にしてＤＮＡで説明されている。この語りの中では、フェミニンさを排した女性バーテンダーのあり方が、彼女自身の選択と好みで形成されてきたとは解釈されない。そこには女らしさは自然に獲得されるものであり、女らしくない女は育ちが歪んでいる（ヤンキー）か、体育会系家族という特殊なＤＮＡによるものという考え方が見える。

さらに、「女は強い男に憧れる遺伝子を母親から受け継ぐ」と語ることで、文化系の自分が恋愛対象にならない理由を説明すると同時に、女は自分よりも強い男を求めると結論づけることで、このバーテンダーをジェンダー規範の中に落とし込んで認識している。つまり、このバーテンダーをジェンダー規範に回収する語りの言説資源として「体育会系」というイメージと個人には変えようのないＤＮＡが用いられ、筆者が当初「ヤンキー」と見なした非規範的なあり方が、素早くジェンダー秩序の中に修復・回収されているのである。

元サッカー選手であるという点が、このバーテンダーの位置付けを非規範的存在から規範的存在にシフトさせるアンカーになっているのは重要なポイントである。筆者は彼女のマスキュリニティを明確に認識しているが、彼女がレズビアンやトランスジェンダーであるかもしれないといった疑念は一切語られていない。女性のマスキュリニティを体育会系というあり方を通じて規範化（normalize）することは、一方でクィアな存在の可能性を消し去る。しかしもう一方で、この言説作用はスポーツを媒介することで、女性のマスキュリニティが許容され、たとえばトランス男性や戸籍上女性であるXジェンダーの人たちが自分たちのジェンダーアイデンティティについて語ることなくマスキュリンな自己表現をする空間を生み出す可能性を示している。

おてんば娘や体育会系のDNAという、女性のマスキュリニティを先天的なものと見なす言説は、「二面性」や男家族の影響を強調する、マスキュリニティを後天的なものと見なす他の修復言説とは矛盾するように見える。しかし、この矛盾や分断は、「体育会系女子」、ひいては「女」の言説構築の複雑さ、規範的構築が失敗する、規範が撹乱される瞬間を示すものでもあるとともに、ジェンダーの行為遂行性を示すものである。

注

1　公益財団法人日本サッカー協会「年度別登録数」https://www.jfa.jp/about_jfa/organization/databox/player.html
2　井上秀樹「女子選手たち頑張る　少女サッカー（南北６００キロ）」朝日新聞　鹿児島版二　二八頁（二〇〇一年四月六日朝刊）
3　「Lリーグ輝け！　女子選手（ダッシュ！　熊本サッカー事情）」朝日新聞　熊本版二　三〇頁（二〇〇三年三月一五日朝刊）
4　「足技鮮やか、女子の熱戦　Jヴィレッジでサッカー大会」朝日新聞　福島版一　二五頁（二〇〇一年一二月二五日朝刊）
5　平井隆介「上田栄治さん　アテネ五輪出場の女子サッカー日本代表監督（ひと）」朝日新聞　総合　二頁（二〇〇四年四月

二六日朝刊）

6　そうしたコメントの例として、有田憲一、「（ひと）本田美登里さん　サッカーのユニバーシアード女子代表監督」朝日新聞　総合　二頁（二〇〇五年八月一〇日朝刊）や野村昌二「女は本当に使いにくいか『大変でしょ』って何度も聞くな！」『AERA』二五頁（二〇一一年九月一九日）が挙げられる。

7　井上秀樹「女子選手たち頑張る　少女サッカー（南北６００キロ）」朝日新聞　鹿児島版二　二八頁（二〇〇一年四月六日朝刊）

8　太田啓之・金重秀幸・秋山惣一郎「（耕論）２０１１年のフットボール　蓮實重彦さん、姜尚中さん」朝日新聞　オピニオン一　一五頁（二〇一一年七月二六日朝刊）

9　杉山圭子「サッカー選手・沢穂希さん　アトランタ（女たちの地球物語：13）」朝日新聞　日曜版一　四一頁（二〇〇二年三月三一日朝刊）

10　松井浩「アテネ五輪　女子の快進撃［密着ルポ］女子サッカー日本代表　キャプテンが泣いた夜。」『Sports Graphic Number』六〇七号　七五―七八頁（二〇〇四年八月五日）

11　柴田真宏「（スポーツ★フロンティア　第2部　平成ひとケタ：8）レスリング・井上佳子」朝日新聞　スポーツ三　一八頁（二〇〇七年四月二六日朝刊）

12　酒瀬川亮介「（ニッポン人脈記）五輪、走馬灯：4　女だってレスリング」朝日新聞　総合　一頁（二〇〇八年六月二七日夕刊）

13　「女カレリンだ！　吉田沙保里3連覇で12度目世界一」（二〇一二年八月一〇日）スポニチAnnex https://www.sponichi.co.jp/sports/news/2012/08/10/kiji/K20120810003874450.html　佐藤隆志「吉田「女カレリン」襲名と彼氏募集を宣言」日刊スポーツ（二〇一一年一月一五日）http://www.nikkansports.com/sports/news/p-sp-tp0-20110115-724707.html

14　「立ち直りは母譲り（心のDNA　継ぐもの、変わるもの：4）」朝日新聞　岩手版一　二三頁（二〇〇二年一月五日朝刊）

15　内海亮「（金メダル道場　中京女子大レスリング部の20年：1）マットが1枚あれば」朝日新聞　総合　二頁（二〇〇八年七月二二日夕刊）

16　板谷栄城「女角力と『末摘花』　江戸時代　板谷栄城（賢治小景：76）」朝日新聞　岩手版二　三四頁（二〇〇三年二月一日朝刊）

17 「(天声人語)女子サッカー『なでしこ』の快進撃」朝日新聞　総合　一頁（二〇一一年七月一二日朝刊）

18 「安藤梢選手（夢の向こうへ　近づくW杯：3）サッカー」朝日新聞　茨城版一　三三頁（二〇〇一年一一月一五日朝刊）

19 「山郷のぞみ選手（五輪を彩る　埼玉からアテネへ：3）」朝日新聞　埼玉版二　三〇頁（二〇〇四年八月五日朝刊）

20 「目指せ、なでしこジャパン　伏見工業高サッカー部唯一の女子選手」朝日新聞　京都版二　二五頁（二〇〇五年一〇月二六日朝刊）

21 河野正樹・清水寿之「決勝進出なでしこ、強さの理由　スルーパス狙う、男子とプレー　サッカー女子W杯」朝日新聞　スポーツ一　二五頁（二〇一一年七月一五日朝刊）

22 「安藤梢選手（夢の向こうへ　近づくW杯：3）サッカー」朝日新聞　茨城版一　三三頁（二〇〇一年一一月一五日朝刊）

23 杉山圭子「サッカー選手・沢穂希さん　アトランタ（女たちの地球物語：13）」朝日新聞　日曜版　四一頁（二〇〇三年三月三一日朝刊）

24 「商店街発、えりこコール　父と兄、惜敗に涙　北京五輪女子サッカー・荒川選手」朝日新聞　東京西部版一　二九頁（二〇〇八年八月二二日朝刊）

25 中村二郎「(人ひと)岡山湯郷ベルの熱烈サポーター　竜門香里さん」朝日新聞　岡山版一　三〇頁（二〇〇八年九月八日朝刊）

26 河崎三行「[女子サッカーの未来を探る]　転換期を迎えるなでしこ育成事情。」『Sports Graphic Number』七九一号　六八頁（二〇一一年一一月二四日）

27 安藤嘉浩「燃えた、闘魂4人娘　レスリング　アテネ五輪２００４」朝日新聞　五輪　一七頁（二〇〇四年八月二四日夕刊）

28 「日はまた昇る　小原、どん底からのメダル　ロンドン五輪・レスリング女子」朝日新聞　社会一　三七頁（二〇一二年八月九日朝刊）。和気真也「ライバル姉妹、高め合い金　レスリング63キロ級伊調、48キロ級小原　ロンドン五輪」朝日新聞　五輪二　二〇頁（二〇一二年八月一〇日朝刊）

29 山田佳毅「(絆　Road to LONDON：2)レスリング・小原日登美」朝日新聞　スポーツ一　二七頁（二〇一二年一月五日

朝刊）
30　清尾淳「（ザッツ・レッズ・ワールド）女子リーグを面白く　清尾淳　サッカー」朝日新聞　埼玉版二　二六頁（二〇〇八年九月二日朝刊）
31　たとえば、「（社説）なでしこ世界一　伸びやかさを力に」朝日新聞　オピニオン二　一三頁（二〇一一年七月一九日朝刊）
32　たとえば、山野健太郎「育て、なでしこ　女子の監督に元日本代表コーチ　サッカーのジェフ市原・千葉」朝日新聞　千葉版一　三三頁（二〇〇七年五月一四日朝刊）
33　河崎三行「NUMBER EYES U-17女子W杯準優勝。なでしこはなぜ強い？」『Sports Graphic Number』七六四号　七頁（二〇一〇年一〇月二八日）
34　河野正樹・清水寿之「決勝進出なでしこ、強さの理由　スルーパス狙う、男子とプレー　サッカー女子W杯」朝日新聞　スポーツ一　二五頁（二〇一一年七月一五日朝刊）
35　「（天声人語）なでしこのメッセージ」朝日新聞　総合　一頁（二〇一一年七月一九日朝刊）
36　「（社説）なでしこ世界一　伸びやかさを力に」朝日新聞　オピニオン二　一三頁（二〇一一年七月一九日朝刊）
37　吉崎エイジーニョ「突撃!!　エイジーニョ　女子サッカーをなめんなよ！　24」『Sports Graphic Number』六七三号　一〇五頁（二〇〇七年三月一五日）
38　河野正樹「『なでしこ、生き生き』佐々木監督　サッカー女子・北京五輪」朝日新聞　五輪一　二〇頁（二〇〇八年八月二日朝刊）
39　河崎三行「STUDY OF JAPAN STYLE File 3 Women's Football［ロンドン五輪に誓う］　佐々木則夫はなでしこを美しく磨く。」『Sport Graphic Number』七九九号　三〇―三三頁（二〇一二年三月八日）
40　田村修一「イビチャ・オシム　日本と日本人を救った力」『Sports Graphic Number』七九九号　三四―三五頁（二〇一二年三月二二日）
41　藤谷浩二「（きょういく埼玉）めざせ「未来のなでしこ」　大宮高教諭の長島さんが指導本」朝日新聞　埼玉版二　六頁（二〇一二年一〇月六日朝刊）

42　41に同じ

43　内海亮「中京女大、磨きあう強さ　レスリング、きょうクイーンズカップ」朝日新聞　東海版　二六頁（二〇〇七年四月一四日朝刊）

44　横森綾「[クローズアップ③]レスリング 日本レスリング強化チーム『山奥道場に咲く花』」『Sports Graphic Number』五二七号　五二―五四頁（二〇〇一年七月二六日）

45　「アテネ五輪　最低でも出場勝ち取る　沢穂希（W杯に挑む）サッカー」朝日新聞　サッカー一　一七頁（二〇〇三年八月二六日朝刊）

46　柳川悠二「世界一を狙える人材の育て方　平井伯昌×眞鍋政義　トップ指導者対談」『週刊朝日』二五頁（二〇一一年一一月一一日）

47　たとえば、福井洋平「(figure) アメリカにも撫子は居り候」『ＡＥＲＡ』七三頁（二〇一一年八月一日）。太田啓之・金重秀幸・秋山惣一郎「(耕論) ２０１１年のフットボール　蓮實重彦さん、姜尚中さん」朝日新聞　オピニオン一　一五頁（二〇一一年七月二六日朝刊）。「(社説) なでしこ　頂点めざすひたむきさ」朝日新聞　オピニオン二　一四頁（二〇一一年七月一五日朝刊）

48　小林弘忠「(声) なでしこの姿、ピッチで表現」朝日新聞　オピニオン二　一二頁（二〇〇八年八月一七日朝刊）

49　脇田剛「(声) 本物もたくましいナデシコ」朝日新聞　オピニオン二　一四頁（二〇一一年八月四日朝刊）

50　宮明透「(かぼすブログ@トリニータ) なでしこＪＡＰＡＮが教えてくれた　宮明透さん」朝日新聞　大分二　二八頁（二〇一一年七月三〇日朝刊）

51　「(天声人語) なでしこが咲いた夏」朝日新聞　総合　一頁（二〇一二年八月一一日朝刊）

52　『Sports Graphic Number』五二七号　表紙（二〇〇一年七月二六日）

53　石塚知子「女子蹴球11楽坊の面　五輪戦士たちの意外な素顔」『ＡＥＲＡ』七〇頁（二〇〇四年五月二四日）

54　「有町紗央里さん　目指せ、なでしこジャパン（まちかど通信）」朝日新聞　福井一　三〇頁（二〇〇四年一一月二九日朝刊）

55　「(ファイト) 女子サッカー・ＩＮＡＣレオネッサ　Ｌリーグ２部首位独走中」朝日新聞　淡路二　三三頁（二〇〇五年一〇

月四日朝刊）
56 関谷亜矢子「浜口京子　レスリング（関谷亜矢子の戦士のほっとタイム）」朝日新聞　スポーツ　三頁（二〇〇二年一二月一〇日夕刊）
57 「（ハーフタイム）女子レスリング金メダルの吉田沙保里、中日・井端を訪問　プロ野球」朝日新聞　スポーツ一　一九頁（二〇〇八年八月二六日朝刊）
58 服部誠一「女子レス聖地に凱旋　吉田・伊調・小原・浜口選手　十日町のおばちゃん出迎え」朝日新聞　新潟一　二三頁（二〇一二年九月八日朝刊）
59 横森綾「[クローズアップ③]レスリング 日本レスリング強化チーム『山奥道場に咲く花』」『Sports Graphic Number』五二七号　五二－五四頁（二〇〇一年七月二六日）
60 「安藤梢選手（夢の向こうへ　近づくW杯：3）サッカー」朝日新聞　茨城一　三三頁（二〇〇一年一一月一五日朝刊）
61 柴田直治・北村浩貴「大谷未央さん（この人と　フライデー・インタビュー）」朝日新聞　兵庫二　二九頁（二〇〇三年一〇月一七日朝刊）
62 加藤勇介「山郷のぞみさん　米国女子サッカーリーグに挑戦するゴールキーパー（ひと）」朝日新聞　総合　二頁（二〇〇五年三月二五日朝刊）
63 渡辺芳枝、河野正樹「（The Road なでしこ）ガッツの塊、世界吸収　DF熊谷紗希　女子サッカー」朝日新聞　スポーツ二　二四頁（二〇一一年七月七日朝刊）
64 進藤晶子「沢穂希　女子サッカー日本代表（進藤晶子の戦士のほっとタイム）」朝日新聞　夕スポーツ　一三頁（二〇〇四年七月二七日夕刊）
65 芦部聡「ＭＡＤＩＡ　ＷＡＴＣＨＩＮＧ　〝なでしこの星〟の魅力満載！　沢穂希本2冊を読み比べ。」『Sports Graphic Number』七九四号　一二一頁（二〇一二年一月一二日）
66 舞の海「伊調千春・馨　レスリング（舞の海の戦士のほっとタイム）」朝日新聞　スポーツ一　三頁（二〇〇三年一一月一一日夕刊）

67　関谷亜矢子「浜口京子　レスリング（関谷亜矢子の戦士のほっとタイム）」朝日新聞　スポーツ　三頁（二〇〇二年一二月一〇日夕刊）
68　山本秀明「しなやか馨、集大成　吉田、無敵タックル　レスリング　アテネ五輪」朝日新聞　五輪一　一九頁（二〇〇四年八月二四日朝刊）
69　Kawata Miho「[みんな元気だよ!!]今だから認める『体育会系なワタシ』」『Sports Graphic Number』五二七号　六八―六九頁（二〇〇一年七月二六日）
70　「目指せ、なでしこジャパン　伏見工業高サッカー部唯一の女子選手」朝日新聞　京都二　二五頁（二〇〇五年一〇月二六日朝刊）
71　「（チャレンジャー）渡利璃穏さん　タックル強化、上位狙う」朝日新聞　大阪島根全県二　三三頁（二〇〇六年三月一日朝刊）
72　伊丹和弘「（天才の育て方）レスリング選手、吉田沙保里のお母さん・幸代さん：2」朝日新聞　夕刊ｂｅ土曜一面　五頁（二〇〇八年一月一二日夕刊）
73　島田雅彦「体育会系　一目惚れは深い溝を越えて　島田雅彦（快楽急行）」朝日新聞　ｂｅ週末ｅ七　六五頁（二〇〇四年六月五日）

第四章　「日本人」の身体をめぐる言説とコロニアリティ

1　コロニアリティ（植民地性）

ウォルター・ミグノロは、コロニアリティ（coloniality）を「近代性の暗い側（darker side of modernity）」と呼んだ（Mignolo, 2011）。コロニアリティは、"colonial matrix of power"という言葉を短縮した表現で、植民地主義支配が発達、維持される文化・社会・政治的環境を指し、経済構造だけでなく、人種主義と家父長制を支える人種やジェンダー、セクシュアリティについての知や言説、その知を生み出す権威も含む。ミグノロは、ルネサンスに始まる西暦一五〇〇年から二〇〇〇年という五〇〇年間を近代（modernity：日本語では現代も含める期間）と定めた上で、その時代のレトリックを「救済（salvation）」、その時代のロジックを「コロニアリティ（coloniality）」であるとした。

ここでいう救済とは、西洋の帝国主義、植民地支配の拡大とともに広まったキリスト教の教えだけでなく、歴史を人類の究極的な解放に向けた一直線のものと見なす考え方、そして歴史の進歩は開発、西洋化、市場民主主義による文明化によって進められるものとするレトリックである。コロニアリティは、近代性の暗い側面、すなわち、進歩や啓蒙など「光」の側面と対をなすもので、進歩や啓蒙の反対側にあると見なされたものを未開や野蛮、劣等なものとするロジックである。これは、虐殺（例：「新」大陸アメリカの先住民や、ホロコースト、原爆）や搾取（例：アフリカンの奴隷化から植民地における労働力の搾取、資本主義における発展途上国や肌の色、ジェンダーに基づいた搾取に続く）など、近代性の裏側にあるものを覆い隠し、レイシズムやセクシズムというイデオロギーを支えるものでもある。

なぜスポーツを考える上で「コロニアリティ」という概念なのか。それは、近代という時代に登場し、帝国主義とともに世界中に広まった欧米型の身体文化であるスポーツの意味と、それをする人に与えられてきた意味（その変化も）を理解する上で重要な示唆を与えてくれるからである。近代スポーツは、欧米の帝国主義とともに世界に広まり、そこで競われる極めて特殊な身体能力に基づいて人種や民族、国家を比較し、優劣をつける指標となってきた。その近代スポーツのグローバル化を進める大きなエンジンとなってきたオリンピックは、ギリシャ文明とその美学を中心に据え、競い合う身体を「より高く、より速く、より強く」という指標により「より優れた存在」を構築してきた（といっても、ギリシャが「西洋文明」と見なされるのはルネサンス以降であり、人種概念を生み出したのもルネサンスであるとミグノロ〔Mignolo, 2015〕は述べる）。

第一章で検討したとおり、近代スポーツは、近代という時代における国家、民族、ジェンダー、身体の意味付けに大きな役割を果たしてきた。また、スポーツの最大の祭典であるオリンピックは、高いパフォーマンスを達成する、たゆまぬ努力を讃える場となり、人類の可能性の永久的な探究の場ともなってきた。ミグノロの理論に沿って考えると、近代的身体文化のシンボルともいえるスポーツが象徴する「進歩」のレトリックには、コロニアリティのロジックが伴う。人類を明確な形でカテゴリー化し、その優劣を競わせるスポーツを通じて、「日本人」とその「他者」に、「男」と「女」にどのような意味が与えられ、また、そのロジックはいかなるものだったのだろうか。

2　帝国主義の時代と不安な身体

体格差をものともせず、日本はぶつかっていった*1

一九世紀の終盤、日本が近代国家の建設に向けて歩み始めて以来、「日本人」の身体をめぐる不安は日本政府の重要な政治的課題の一つだった。日本が欧米のスポーツ文化を取り入れる中で、この身体不安には二つの層があった。一つは国外の他者、すなわち異なる人種との比較から見えてくる「日本人」の身体に対する不安。もう一つは日本人男性の国内の他者、すなわち女性との関係性における身体不安である。

開国以来、欧米による植民地支配を恐れ、急激に国家の近代化と軍事化を進める中で、いかに欧米のスポーツが日本社会と学校に持ち込まれたかについては多くの論考がある（例：入江、一九八八、Kietlinski, 2011; 西尾、二〇〇三、鈴木、一九八四）。一八七〇年代に近代的な学校制度作りが始まってすぐ、資本主義社会における生産と軍隊での働きに適した健康で強い身体を作ることを目的に体育が学校カリキュラムに導入された。

この体育とスポーツの教育への導入は、近代日本の「生政治（biopolitics）」（Foucault, 2003）を構成するだけでなく、欧米の帝国と競い、またアジアへの植民地支配の中で遭遇した他人種、他民族との比較の中で生まれた「日本人」のイメージと、それとともに現れた体躯、体格の貧弱さに対する不安の反映でもある。日本の帝国拡大の最盛期にあっても、他国に劣ると認識された日本人の身体に対する不安は絶えずつきまとっていたようだ。稲葉（一九九八）によると、満洲国国務院総務庁人事処長や朝鮮総督府秘書官・学務局長を歴任した塩原時三郎は「国

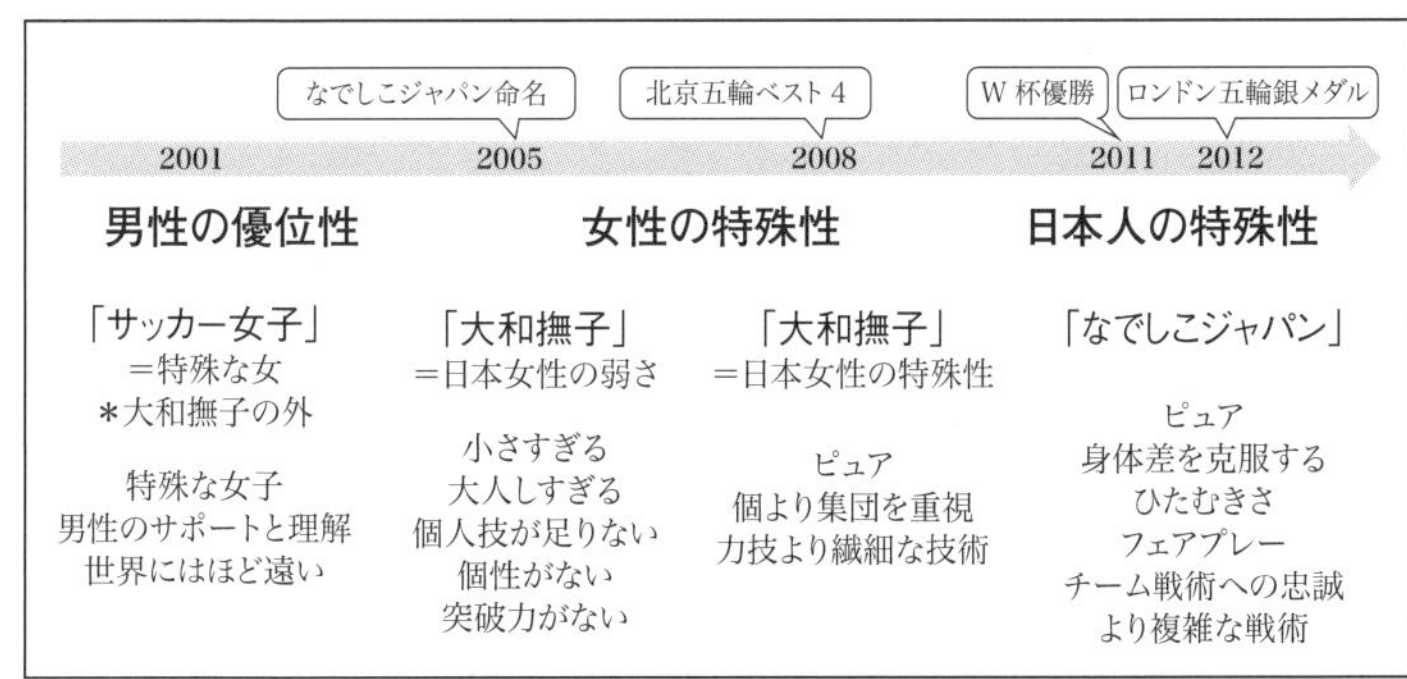

図4-1　日本の女子選手の規範的言説構築と「なでしこ」の再意味化

民精神総動員運動について」と題された次のような演説を行っている。

> 元来日本の軍隊は何故強いかと言へば、これは武器が特にいゝわけでも体が非常に大きいわけでも何でもない。強い原因はたゞ一つある。それは何かと言へば組織が――組織分子が純一で無雑であるといふことである。全部皇国臣民である。全部が　陛下の赤子である。[*2]
>
> （稲葉継雄、一九九八、二〇一頁）

この演説は、日本が「純一で無雑」な民族で構成されていることが、その軍隊の強さの源であるということを強調することが、主要なメッセージであると読める。しかし、その主張の裏には、日本人の身体が小さく、それが弱さの原因となりうるという不安が読み取れる。植民地支配の時代から、日本人の民族、そして国民アイデンティティの根幹に「劣った身体」と「純粋さ」、そして「忠誠心」が刻み込まれ、軍隊という国家の戦闘能力に対する自信も、身体の小ささを克服する精神の強さ、結束力の強さによることがわかる。

近代化のプロセスにおける国内のジェンダー秩序、すなわち家父長制社会の近代化におけるジェンダーに関わる身体不安についても興味深い研究がある。一九世紀の終盤以降、日本の近代化の中で女子の体育参加や女性のスポーツ参加も劇的に増加していったが、それはあくまで壮健な息子は強く聡明な母から生まれるという、家父長制と国家の維持という枠組みの中に置かれていた（Kietlinski, 2011）。しかし、女性のスポーツ参加を家父長制に基づく国家の強化に注意深く位置付けながらも、女子選手のマスキュリニティに対する不安は、人見絹枝といった国のスポーツヒーローたちに関するメディア言説に現れていた。デニス・フロストは、人見の言説構築を分析し、人見が「国民的英雄」と伝統的な女性像を打ち破る「モガ（モダンガール）」、そして女を装っている「男」として様々に意味付けられ、国民アイデンティティとの関係の中でその位置が揺れ動いたことを指摘している（Frost, 2010）。

人見の筋肉質な身体と傑出したパフォーマンスに対する日本国内の様々な反応は、日本が世界から強力な近代国家として認知されることへの欲求と、急激に変化する社会におけるジェンダー秩序と役割の変化に対する不安とのぶつかり合いを反映したものである。それでもなお、人見は何よりもまず、「酒を生涯ほとんど口にせず、鉢巻きと短パン、ジョギングスーツに身を包み、一心に練習に励んだ」（Frost, 2010, p. 136）スポーツ選手として人々の心に刻まれているとフロストは述べる。

人見のスポーツ選手としての成功とレガシーは、彼女のジェンダーとセクシュアリティをめぐる論争や、二四歳という若さで生涯を閉じたという悲劇を加えてもなお、日本の国家としてのプライドと世界における強者としての存在感を高めることに大いに役立った。「小さな身体に宿る強い精神」、そして「何よりもまず選手」という言説は、彼女が活躍した時代から一世紀を経た現在でも女子選手をめぐる語りの中に現れてくる。

3　小さな身体に宿る強い精神

こうやって日本の選手でも世界最優秀選手になれる、という夢を子供たちに与えられた。
——沢穂希　二〇一二年一月一〇日[*3]

近代スポーツで祝福される身体は、オリンピックの「より速く、より高く、より強く」という標語によく表される。国家の強さ、雄々しさ、そして近代化の進展（コロニアルな指標）は、スポーツの国際大会、特にオリンピックやＦＩＦＡ Ｗ杯において誇示される。二〇世紀後半に三度のオリンピックを開催し、二一世紀にＷ杯を韓国と共同で開催したこと、数多のオリンピックメダリストや世界選手権の覇者を輩出してきたことは、日本に国家としての自信を与えてきた。しかし、サッカーやレスリングで活躍する女子選手たちについての言説では、小さな、劣った身体という帝国主義時代から残存する「日本人」の自己イメージが浮き彫りになる。

二〇〇〇年代初頭、まだ日本の女子サッカーチームが国際舞台で大きな活躍を見せられずにいたころ、試合結果を報じる記事の中で日本人女子選手の小ささが、背が高く筋肉の発達した他国チームの選手と比較されていた。二〇〇三年に日本がドイツとの試合に敗れたとき、それを報じたある新聞記事は「風上の前半、先制許すドイツの壁、日本を拒む　女子サッカーＷ杯」[*4]と題されていた。この記事では、「ドイツの壁」は比喩的な意味と文字通りの意味で使われ、日本の選手がパスを受け取るのを「背の高い」ドイツ人選手が阻み、身体格差が日本チームの決勝トーナメント進出を妨げたと分析する。また、ドイツの監督がドイツ側の最初の得点について分析した言葉を次のように引用している。

先発11人の平均身長差は11センチ。「体格の差」と、ドイツのトーネメイヤー監督の説明は明快だ。

また、試合後の選手たちへのインタビューを掲載した別の記事では、選手自身の声として、ドイツだけでなく、世界との身体格差が述べられている。

フィジカル面では世界と差があった。優勝したドイツとも当たりましたが、高くて足も長い。ヘディングで競り勝ったと思ったら上からたたき付けられたり。日本はつないで形を作れるので、もっと落ち着けばよかったと思いました[*5]。

これらの記事は、日本人の身体は小さいというイメージを、筆者だけでなく選手自身の言葉で、そしてドイツのトーネメイヤー監督という「他者」の言葉を通じて表している。しかし、ロベルト・カルロス（168㎝）やディエゴ・マラドーナ（165㎝）、リオネル・メッシ（170㎝）など、レジェンドとなった海外の男子サッカー選手については身長による優劣がそれほど語られないことを考えると、この身体サイズへの言及は、国内外の「日本人」イメージに帰因するところが大きいのではないか。

日本だけでなく、世界を代表する選手となった澤穂希の成功でさえも、その力点が身体的弱点を克服する彼女の作戦と努力におかれる。『Number』の二〇〇一年の記事で、澤は、その年の春に世界最高峰の女子プロサッカーリーグとして開幕するWomen's United Soccer Associationでプレーする唯一の日本人女性として紹介されている。その記事の筆者は、小さい日本人が素早く動き、背が高く身体の強い外国人選手相手に戦うカギは、筋肉を柔らかく使うことだと強調する。[*6]さらにその記事では、澤自身の「体が大きくない（164㎝、54㎏）から、相手は当たってくるでしょ。それに対抗してぶつかっても無理だと思った」という言葉が載せられている。この記事は澤について書かれたものだが、澤が用いるべき戦略が日本人選手一般に当てはめて書かれている。

また二〇〇二年の新聞記事では、澤の「欧米選手に体格やパワーはかなわないけれど、技術やスピードでは負けない」という言葉が載せられている。[*7]この時点では、男子チームで唯一の女子選手だった過去や、努力を惜しまない性格、筋肉を柔らかく使うことで小さな身体ながらスピードを上げることができるといった、澤の独自性が成功の要因とされている。言い換えれば、澤が直面する困難は、彼女の日本人性（パワーに劣る小さな身体）に見出される一方で、彼女の成功は彼女の例外的な性質に帰されている。

しかし、日本人の身体性が日本と海外の溝を作り、海外で活躍する選手を例外的存在として扱う言説は、二〇〇四年のアテネ五輪を契機に少しずつ変化していく。その後も日本人選手の身体の小ささは強調され続けるものの、彼女らの技術や複雑に組織された攻撃を可能にする自制心とチームワークが彼女らのパフォーマンスを解説する言説に加えられていく。アテネ五輪で、女子サッカー日本代表チームは、当時優勝候補と目されていたスウェーデンを破った。それは日本の女子代表チームがオリンピックで初めて挙げた白星でもあった。この歴史的勝利について、メディアは次のように書き立てた。

欧米チームの高さとスピードに、ボール扱いの巧さと組織力で対抗するというチームコンセプトと、それに基

づく強化策が正しかったことを証明した。（二〇〇四年）[*8]

体格では劣ったが、技術と組織力で相手を圧倒した。（二〇〇四年）[*9]

この二つ目の記事は、「クリーン」なサッカーを求め、背後からのチャージに厳しく反則を取った主審の「嗜好」が「体格で劣る日本には、心強い味方だった」とも書き加えている。

こうして日本女子サッカーチームの活躍が可視化され、社会的認知を得るようになるにしたがって、小さな身体を克服する技術と自制心という言説がなでしこジャパンの活躍を解釈する上で中心的位置を占めるようになっていった。それでも、次の例に見られるように、二〇一一年のＷ杯制覇までは、身体不安が女子サッカーをめぐる言説に影を落とし続けた。

体格で上回る相手にどう戦うか。そうして考えたサッカーは成就しつつある。（二〇〇七年）[*10]

サッカーの質の高さをどれほど自負していても、勝利できなければ負け犬の遠吠えでしかない。もちろん澤も、それは承知している。

「彼女たち（アメリカ人）は高さや速さや強さに頼りきったサッカーしかできないんだけど、その長所が図抜けているから技術や組織力の不足をカバーできてしまう。で、終わってみればいつも日本が負けてる。そこが悔しいんですよね……」（二〇一一年）[*11]

速さも、強さも、高さもない。個々の選手のアスリートとしての能力やサイズならば、日本は出場12カ国中で間違いなく最下位レベルにある。だが彼女たちは、どんな強豪国にも通用する武器を持っている。ショートパスとドリブルを組み合わせての、切れ味鋭いアタックだ。（二〇〇八年[*12]）

類似の言説は女子レスリングの評価にも現れる。レスリングは体重別の階級制であるため、そうでないスポーツに比べると選手間の体格差は試合の中では見えづらい。それでも、身体がより大きくなくても、海外の選手のほうがパワーがあるとされ、パワーで勝負できる日本人レスラーは例外視される。世界選手権において最重量級で優勝した浜口京子は、二〇〇二年の世界選手権前のインタビューで次のように語っている。

五輪の一番重い階級が72キロ級に決まって、75キロ級から変更されたのも私にはよかった。去年までは「増量」が大変で。1日7食、無理やり詰め込んでた。同じ体重でも、減量して出てくるヨーロッパの選手たちがすごく重く感じていました。[*13]

一方で、井上佳子について、栄監督は、「日本で数少ないパワーレスリングの選手[*14]」と評している。また、世界一の練習量でスタミナに絶対の自信を持つ伊調千春について、当時伊調が所属していたチーム監督は、「48kg級では外国人選手でもあれだけのパワーはない[*15]」と語る。

これらの語りの中では、階級制度があるために、「日本」の選手と「海外」の選手の体格差はそれほど強調されていない。それでもなお、パワー勝負のできる日本人女子選手は例外的な存在とされ、海外の選手はより大きく、重く、パワフルであることが前提とされている。どれほど日本の女子レスリングが世界大会で圧倒的な強さを見せ続けていても、「日本人の身体」への不安は深く根を張ったままであった。

それに変化の兆しが見えたのは、二〇〇〇年代後期から、特に二〇一一年の女子サッカーW杯、そして二〇一二年のロンドンオリンピックにかけての時期だった。前章で見たとおり、日本女子の弱さを象徴する言葉として使われていた「なでしこ」は、恵まれない環境を克服する努力を重ね、フェアプレーに徹しつつ、優れたスキルと忠実に作戦を遂行する女子の強さとその特殊さを指して使われるようになっていった。これは、戦後に驚異的なスピードで復興を成し遂げた日本をノスタルジックに語る言説とも重なる。日本人性の再構築と「なでしこ」の再意味化は、「なでしこジャパン」という女子チームに日本という国と民族のアイデンティティを重ねることを可能にした。その言説戦略は、日本女性たちのスポーツの強さを通じて日本の雄々しい国民アイデンティティを回復しつつ、女子選手たちを日本女性の規範の中に回収していく。

次に引用する記事は、二〇一一年六月二六日から七月一七日にかけてドイツで開催されたW杯の期間中とその後に観察されたこうした言説のシフトをわかりやすく示している。

技術の高さが際だつ。スウェーデンとは平均身長の差が10センチあった。国際舞台では常に背負う体格差を、献身的な運動量と持ち味のパスワーク、俊敏性、組織力でカバーした。（二〇一一年七月一五日）[*16]

体力とパワーに恵まれた列強国に対していかに対抗するか。当時どこの国もやっていなかった回転レシーブを開発し、ボールを拾い続け、隙をみつけてアタックするスタイルを身につけました。それは諸外国から「東洋の魔女」と評され、驚きの目で見られたものでした。

（二〇一一年七月二一日）[*17]

［Ivica Osimからのメッセージ］自分たちより20㎝も背が高く、20㎏も重い相手に立ち向かっていくのは、壁にぶつかりに行くようなものだ。（中略）

だが、彼女たちは、勇気を持ってアグレッシブにプレーすることで弱点を克服した。そこが男子との大きな違いで、実際に彼女たちは勝つために必要なことをすべてやってのけた。すなわちモビリティとテクニック、コレクティビティといった、日本人の特徴を生かした自分たちの戦い方を貫き通した。（中略）彼女たちがコレクティブなディシプリンを徹底させて、チームを前進させた。男子とは異なりなでしこには、個人主義に走る選手はひとりもいなかった。

（二〇一一年八月一八日）[*18]

〔澤は〕15歳で代表デビューした。日本は当時、体格やパワーで勝る欧米に跳ね返され続けていた。

日テレ・ベレーザ監督の野田朱美は、（中略）「日記に『白人選手は格好いい』と書くくらい、みんな外国へのコンプレックスがあった。試合前から気持ちで負けていました」（中略）当たり負けしないように筋力トレーニングをしても、体格やパワーの差は縮まらない。悩み、もがいて見つけた答えは、「自分のプレーを貫き通すしかない」。（中略）

澤の後を追うように多くの後輩たちが海外に飛び出し、日本の女子サッカーのレベルも上がっていく。（中略）欧米コンプレックスは過去の話だ。

（二〇一一年一二月一八日）[*19]

日本の選手は男女を問わず、「特別な選手はおらず、金太郎飴のように同じタイプばかり」と揶揄されがちだが、ロンドンではそれが強みに加わっていそうな気がしている。

（二〇一二年三月一九日）[*20]

サッカーW杯の勝利によって体格差とパワー差を中心に語られる「欧米コンプレックス」は克服されたかに見えた。しかし、翌年のロンドン五輪に社会の関心が向き始めると、身体不安言説が再び試合評価や結果予測の中に入り込んでくる。ロンドン大会に向かう数カ月の間にも、女子サッカー日本代表選手らの技術と統制力についての評価が身体不安によって揺さぶられた。二〇一二年四月に、キリンチャレンジカップで日本は米国と引き分け、ブラジルに勝利し優勝した。しかし、次の記事は、この勝利が必ずしもオリンピックでのメダルを予想するものではないと警告し、技術と戦術をこれまで以上に磨く必要があると説く。

日本のメンバー23人の平均身長が163・4センチだったのに対し、ブラジルは約4センチ、米国は6センチも上回る。体格で優位に立つ欧米、南米勢に、ゴール前での競り合いで勝てる確率は低い。

（二〇一二年四月七日）[*21]

同年七月にフランスで行われた親善試合の前にも、佐々木監督の「［フランスは］我々のスタイルにフィジカルが兼ね備えられていて、レベルが高い」という言葉が紹介され、「とはいえ、体格差や身体能力の差をパスワークで埋め、先に世界の頂点に立ったのは日本だ」と続いている。[*22]結局、日本はこの親善試合に負けた。するとその翌日の夕刊に先と同じ記者が「仏に力負け」というタイトルで記事を書き、試合の様子を次のように表現している。

完全な力負けだった。

象徴的なのは後半28分の2失点目だ。ＣＫを身長１８７センチのルナールに頭でたたき込まれた。「次元が違った。３階の高さからヘディングされたようなもの」と佐々木監督。

　突破を阻もうとした沢や阪口がはね飛ばされた。[*23]

大きく強い身体が有利に働くのは、西洋発のスポーツ文化の特徴である。そしてスポーツの国際大会が人種や民族、国家やイデオロギーの優劣をめぐる代理戦争の場として機能してきたことを鑑みると、日本人選手の体格を否定的に評価する言説が繰り返されるのは驚くことではないだろう。スポーツの国際試合の場は、日本チームが「大きく強い」海外のチームと出会い、身体が小さいという日本の民族アイデンティティが強化され、結果として日本人男性のマスキュリニティが困難に直面する。それと同時に「小さな」日本女性が身体の大きさやパワーが必須と見なされてきたマスキュリンなスポーツで成功を収めることは、「日本人性」を優れた精神性に求めながら再構築し、祝福する契機となった。

　こうした言説は、二〇一二年のロンドン五輪まで繰り返し現れ、特に東日本大震災後に傷ついた「日本」、あるいは「日本人」イメージの再構築に大きな役割を果たした。なでしこジャパンは大震災で傷ついた「国」を癒やし、勇気づけ、復興に向けたエネルギーと自信を与えた国民的ヒーローとして祝福された。日本女子サッカーが「なでしこジャパン」でなかった時代からの言説を追うと、彼女らが癒やしたように見えた「傷」は、欧米列強との植民地主義的出会い以降燻り続けてきた日本の身体的不安であり、コロニアリティの呪縛であり、スポーツのアリーナで発揮され表現されるところの国家的、民族的マスキュリニティでもあったことがわかる。

女子選手に関する言説の中で、身体的に劣ると区別され認識されてきた「日本人」は、同時に精神性において欧米だけでなく、アジアの「他者」とも区別され語られる。次節では、女子サッカーの言説に焦点を当て、女子スポーツが盛んな「先進国」としての欧米諸国と、「遅れている」他のアジア諸国というヒエラルキーの中で日本を構築する言説を見ていく。

4　米国と女子サッカー

前節で見たように、欧米人は、身体とスポーツの能力を日本人と比較して優越した他者として表現される。こうした言説で再生産されるのは、身体やスポーツ能力のヒエラルキーだけでなく、社会的先進性である。二〇〇〇年代のはじめ、日本の女子サッカーがメディアからほとんど見向きもされていなかったころ、米国の女子サッカーの環境は、社会の先進性を表すものとして、日本の進歩度を測るものさしとして語られた。

エドワーズ（Edwards, 2003）が日本のLリーグについて詳しく論じたように、日本の女子サッカーの発展は直線的な右肩上がりではない。九〇年代の初め、まだバブル経済が続いていたころ、日本の企業は世界でも最も財政的に恵まれた女子サッカーの競技環境を提供していた。世界のトップ選手たちが日本のLリーグでプロ契約するためにやってきていたことからも、日本の状況が比較的恵まれていたことがわかる。しかし、バブル崩壊後、Lリーグは継続して企業からの支援を得ることができなかった。外国人選手との契約は破棄され、日本のトップ選手たちもチャンスを求めて海外に出ていった。二〇〇〇年代から、世界のトップとして仰ぎ見られるようになった米国の女子サッカーもまた、その歴史は平坦なものではなかった。九〇年代に米国の選手が日本にプレーしに来たように、米国も常にトップ選手たちをサポートする環境を提供してきたわけではない。つまり、なでしこジャパンが世界的な活躍を見せる以前は、たしかに選手層は薄く、社会的認知度は低かったとはいえ、日本が常に女子サッカーに貧しい競技環境しか提供してこなかったわけではない。その反対のイメージで捉えられる米国の女子サッカーをめぐる環境も、常に世界のトップレベルであったわけではないのである。

しかし、二〇〇〇年代に現れる女子サッカーをめぐる言説においては、特に小学校以降の競技環境と社会的認知とサポートについて、米国が「先進国」の位置を占めることになる。そして女子サッカーに限らず、日本のトップ選手が世界トップレベルの競技環境と給料を得るために、ＮＢＡ、ＭＬＢ、ＰＧＡ、そしてＷＰＧＡといった米国のプロリーグへ移籍することは、バブル崩壊後の日本でよく見られる現象となった。「メジャーへの挑戦」は、惜しまれつつ古巣を去る日本のスター選手たちを応援する、チームやファン、そして一般の視聴者たちの「日本の夢」を運んでいた。それは同時に、優れた選手を日本の劣った環境に留めおいてはいけないという、日本国内の状況に対するため息混じりの小声の批判や諦め、そして嫉妬も含んでいなかっただろうか。

二〇〇〇年代からは、女子サッカーにおいても米国が日本の選手にとっての夢と発展のシンボルとなっていった。この米国の位置付けは、開国後の日本が一世紀以上にわたって求め続けてきた先進国としての世界からの認知と、欧米諸国のようになりたいという願望を反映している。

その典型例を見てみよう。

一昨年の女子Ｗ杯で、女子のサッカー大国・米国を肌で感じた。そんな米国の女子プロリーグでプレーすることが夢だ。[*24]

（二〇〇五年）

これは、FIFA U18W杯に弱冠一八歳で出場した安藤梢選手を紹介した記事の一節だ。この記述は、ついその一〇年ほど前には、米国の選手がプレー環境を求めて来日していたことを微塵も感じさせない。『Number』の記事でも、欧米のようになりたいという願望が米国のクラブチームに移籍する澤穂希の「将来の夢」に重ねられている。

数年前から、「将来は外国に住みたいし、国際結婚もしたい」と話していた彼女が、アメリカへ渡ったのは一昨年の七月。その1カ月前に開催された女子W杯で、日本は予選リーグ敗退だったが、澤の柔らかな動きと確かなボールコントロールが、関係者の目に止まった。話はトントン拍子に進み、コロラド州デンバーのクラブチームへ移籍。憧れだった外国暮らしを実現した。*25　（二〇〇一年）

この記事が書かれた翌年の二〇〇二年、朝日新聞の記者が米国の澤を訪ねている。その記事には、米国の女子サッカー人気と、澤がいかに夢の地で女性のプロ選手としてのキャリアもプライベートも尊重された生活をしているかについて綴られている。

米国で女子サッカーに注がれる目は、温かい。99年に地元で開催された第3回女子ワールドカップ（W杯）の決勝戦は9万人を超える観衆を集めた。（中略）

「アメリカではまず個々の生活があって、その中にサッカーがある。アメリカ代表には子供が三人いる選手も。結婚しただけで引退か？　とか言われる日本とは大違いですよね」。体力の続く限りは選手でいたい。結

婚しても子どもを産んでも、それは変わらないはずだと思う。[*26]（二〇〇二年）

二〇〇一年当時、「外国」に住んでみたい、と言ったとき、多くの場合は欧米諸国を指して言われることが多かったことは重要な点である。そして「国際結婚」という言葉も、欧米人との結婚を指して使われることが多かった。澤の言葉にあるように、外国、すなわち欧米に移住することは、日本人女性、特にプロの選手にとって、選手としての仕事とプライベートを両立することができる、女性の社会進出の進んだ先進国に暮らすことを意味している。そして国際結婚は、女性のキャリアを中断あるいは断念させる日本での結婚とは異なり、女性のキャリアに理解のある先進的な（白人）男性との結婚として、また社会的人種的階層を上がる道として想像されている。

先の記事では、澤の選手としてのレベルも、選手としてのキャリアと結婚を両立したいという願いも、日本にいるうちは手に入れられないものと見られている。この記事は、澤の語りを通じていかに日本で女性に用意されている「箱」が小さいのかを指摘し批判すると同時に、澤をその「箱」の、ジェンダー規範の枠組みの外に放り出す（外国での生活、国際結婚への憧れ）ことで、その規範を再生産してもいる。女性として秀でたサッカー選手となった澤は、米国への移住によって物理的に日本の外に出ていっただけでなく、国際結婚への憧れという言説を通じて人種民族的にも日本の外側に位置付けられている。

さらに、これらの記事は澤のサッカー選手としての優秀さを認めながらも、日本の女子サッカー選手が置かれている貧弱な環境について直接的な批判はしていない。米国のリーグを、男の世界と思われていたサッカーで女性が活躍することのできる夢の場所と位置付けることで、これらの記事では、日本の女子サッカーの恵まれない環境の根源にある日本のジェンダー規範や男性支配についての直接的な言及は避けられている。

前章で述べたとおり、女子の日本代表チームが国際トーナメントで勝ち進めずにいるとき、女子サッカーもそこでプレーする選手もマイナーな存在であり、澤や安藤といった選手は例外的なマイノリティとして扱われた。そのため、彼女たちにとって不十分だった日本の競技環境について、背後にある男性中心社会についての議論を避けることができた。彼女たちは日本に留まるにはレベルが高すぎるのだ、「メジャーに挑戦」しに海外に行くのだ、と。

この言説は、国や社会からのサポートを得られない女子選手たちの状況は、「マイナー」なステイタスに甘んじている選手ら自身の問題であるという自己責任論につながるものでもある。「マイナースポーツ」として女子サッカーが社会からの認知を得られないことを肌で感じてきた澤の言葉からも、結果を残すしかないのだ、という危機感がうかがえる。

> シドニー五輪出場を逃したことにも、日本の女子サッカー衰退の要因があると思っています。五輪の切符を手にすることが、最低目標です。[*27]（二〇〇二年）

二〇〇五年ユニバーシアード大会の日本女子サッカー代表チーム監督に女性として初めて就任した本田美登里もまた、女子サッカーの環境の厳しさについて、憧れるに足る女性像を構築できないことにその責任の一端を見出すジェンダー化された自己責任論を語っている。

「同じ実力なら髪の長い選手を選ぶ」。05年、ユニバーシアード女子代表監督に就任した際、こう宣言した。批判もあったが、信念は曲げない。

思いは、現役時代に出場した米国代表との親善試合からだ。米国選手はおしゃれで強くてかっこよく見えた。「選手はあこがれの対象にならないといけない。そうしないと女子サッカーのすそ野は広がらない」と実感。岡山湯郷では本当に、髪を短くした選手をベンチから外したこともある。[*28]（二〇〇七年）

本田は、女子サッカーがマイナースポーツに留まり続けるのは、選手たちが憧れの存在になっていないからだと主張する。そして憧れの対象になるためには、実力よりも女らしさが必要だと。米国の選手は、おしゃれで強くてかっこいい。ここで語られるかっこいい女性像は、新自由主義イデオロギーが浸透する日本で声高に叫ばれる「すべての女性が輝く社会」の、フェミニンさと強さを兼ね備えた女性像が重なる。髪の短い選手、異性愛規範に従わない選手は、能力が高くても切り捨てる。ここには、女子サッカーに短髪の選手も含めた多様な選手がプレーする場としての価値を見出し、新しい文化や時代性をアピールするという方向性は見られない。マスキュリンな女子選手は女子サッカーの裾野を広げる妨げになるのだという、今日であればより多くの批判を浴びそうな本田の認識は、黎明期の日本女子代表でプレーし、監督として女子サッカーの普及に携わる本田が嫌というほど突きつけられた現実から生まれたものなのだろう。一方で、「女らしさはスポーツの邪魔」という日本のスポーツ界の女性差別的言説とは矛盾する。マスキュリンなスポーツで活躍する女性たちが、これらの矛盾する要求を背負わされている点も、新自由主義時代の女性のあり方に重なる。

もう一つ、この本田の、あるいは日本社会の女子サッカーに対する視線は、本田が二〇一〇年まで初代監督としてチームを率いた岡山湯郷ベルのイメージ構築にも現れている。このチーム名とモットー、そしてチームエンブレムは、本田が選手らに求めたような、メディアが女子選手を取り上げるたびに繰り返してきた「美しく、強く」という言葉を表現したものになっている。ベルのアルファベットのスペルは"Belle"で、フランス語で「美しい人」を意味し、チームのモットーは、「美しく、そして強く！」である。世界地図に翼をあしらったエンブレムは、赤い文字でBelleと書かれているが、そのBの字に注目すると、ポニーテールでサッカーボールを蹴る女性の姿を表していることがわかる。

日本女子サッカーの夢の地となってきた米国は、選手たちがおしゃれで強く、クールで長い髪をしている。しかし、この米国の女子選手のステレオタイプは、米国社会のレズビアンタブーを背景に発達してきたものでもある。「短髪禁止」ルールの根底には、太平洋戦争で敗北した日本と、世界の覇権を握る米国、身体的に優れた女子スポーツ先進国の米国と身体的に劣った女子スポーツ後進国の日本という対立したイメージ、そして米国女子スポーツを長年蝕んできた同性愛嫌悪が横たわっている。同時に、女らしさを見せない、短髪で化粧をしない女子選手への憧れは不可視化されている。

5　女性選手の進化

二〇〇〇年代中頃からは、長引く不景気と超高齢化社会が進む日本において、女性の社会進出は少子化対策とともに待ったなしの課題と見なされるようになった。そして女子サッカーを含めた多様なスポーツへの女子の参加が日本社会の進歩と女性の社会進出のシンボルとして語られるようになる。

前章で考察した『Number』五二七号の「体育会系女子」についての記事の後には、女子のより多様なスポーツ参加を生物の進化を比喩として用いた「チャート式　試験に出ない　日本女子スポーツの夜明けから現代まで。[*29]」

ている。

と題された記事が続いている。その題の下にも特集の通底テーマである「強く、正しく、美しく！」の文字が躍っている。

二ページにわたって描かれた年表は、一番上に猿から人間への進化を模した女子選手の変化する姿が描かれ、その下には「進化」に対応する年代が、さらにその下にはそれぞれの時代の有名な女子選手たちの名前がある。この年表によると、日本の女子スポーツの歴史は一九〇〇年三月二六日に始まり、その下には「文部省が、女子の師範学校・高等学校の体操科の注意事項に関して通達を行なう。日本女性スポーツの夜明けが近づく」と解説文が添えられている。一九二〇〜三〇年代は、「ちょうちんブルマみたい」なショーツをはき、短い髪の女子選手と思しき人物が腰を曲げて両手を地面についた、クラウチングスタートとも猿とも見える格好で描かれている。その下には人見絹枝と前畑秀子の名がある。人見絹枝の名前の上の絵が猿のように見えるように意図的に描かれていることは、「進化」していく女子選手の図の横に「ラマトテクス」、「アウストラロピテクス」、「ホモ・エレクトゥス」、「ネアンデルタール人」、「クロマニョン人」、「現代人」と書かれていることからわかる（「ラマトテクス」は「ラマピテクス」の間違いか）。この図で最も進化した位置にある「現代人」の女子選手の図は、ホモサピエンスらしく腰がスッと伸び、一番大きく、背が高く描かれている。

さらにその年表の下には、「競技の多様化と選手の個性　多角度マトリクス分析」と題した座標が四つ並べられている。そこには様々な競技の有名選手の名前が記され、「分析」されている。その結論として、日本の女子スポーツの「進化」は、競技レベル向上だけでなく、多様性と個性の増加によって示されるとしている。

この図式では、競技レベルの高さ、参加する競技の多様性、プライベートと選手生活の両立といった、日本との比較においてまさに米国の先進性として語られる特徴が人類の進化の到達点となっている。

北京五輪で決勝トーナメント進出を果たしたころから、この「身体の小さな遅れた日本人」の位置がシフトし始める。メディアは、日本がいかに世界のモデルとなったかについて語り始めた。たとえば次のような表現だ。

パスを次々とつなぎ、ゴールに迫る日本の戦いぶりは北京五輪で高い評価を得た。準決勝で対戦した米国のスンダーゲ監督も「日本のサッカーは女子サッカーの模範となるようなプレーだった」と絶賛した。[*30]

ここでは、日本の女子サッカーに対する自信が増している様子がうかがえるが、依然として米国のプロリーグへの参加、そして米国の監督の承認を通じてその位置が確認されている。日本の女子サッカー選手は常に日本の男子選手や海外の女子選手らと比較され、その比較の中でしか価値が認識されない存在、自分自身の価値基準となれない存在として構築されている。女子サッカーにおける変化が、「他者」との比較ではなく、自らの発展のサインとして読まれていないことは、ガヤトリ・スピヴァクの「認識の暴力（epistemic violence）」（Spivak, 1988, p. 289）ともいえるのではないか。

6　倫理的なでしこと植民地主義的健忘症

欧米諸国、特に米国が先進性の基準として語られる一方で、アジア諸国、特に中国と韓国は、それとは対照的な形で日本と比較、言及されている。ここでは、「小さい体でフェアに懸命にプレーするなでしこジャパン」という語りを通じて、日本が他のアジア諸国より「現代化」した、先進的な国として構築される言説を見ていく。

二〇〇七年九月、第五回FIFA女子W杯が中国で開かれた。日本はグループリーグ最後の試合として杭州のスタジアムでドイツと対戦した。この杭州での試合でドイツに敗れた日本は決勝トーナメントに進出できず、この試合が日本チームにとっては最後の試合となった。そのときの試合の様子について、日本のメディアの多くが日本の国歌が演奏されている間にスタンドの観客が起立せず、ブーイングを送ったことを大きく報じた。試合の最中も日本への厳しいブーイングが続いた。試合の後、敗退した日本チームは、ブーイングを送り続けた観客に対し、「ARIGATO 謝謝 CHINA」と書かれた横断幕を持ってフィールドに現れた。

この出来事を伝えた「日中35年『なでしこ』の精神で」と題された新聞記事がある。この記事は、中国の観客たちが試合の間、日本チームにはブーイングを、ドイツチームには拍手と声援を送った様子を、二〇〇四年の男子AFCアジアカップでの出来事を彷彿させるものとして、継続した反日感情の表現として捉えている。ちなみにこの記事では、日本チームの横断幕に対し、中国の観客が拍手で応じたことは触れられていない。その上で、記事は中国紙の言葉を経由し、中国の観客に対して次のように反省を促した。

04年のサッカーアジア杯を思い出させる光景のなかで、なでしこは善戦むなしく敗れた。
だが、ここから意外なことが起こる。なでしこは試合後、「ARIGATO 謝謝（シエシエ）CHINA」と書いた横断幕を広げ、並んでおじぎをした。淡々とホスト国に感謝を伝えたのだ。すると、このことが中国国内で反省の声を呼び起こした。「彼女たちは感情を乗り越える勇気を持ったが、我々は以前のままだ」と、中国紙は論評を載せた。
（中略）国民感情が悪いままだと、信頼は生まれず、猜疑(さいぎ)心ばかりが先行する。それは2国間だけでなく、アジアや世界にとってもマイナスであり、改善の努力を重ねなければならない。*31

この記事は、当時の東アジアで強い反日感情を喚起していた日本の歴史修正主義の広がりには言及していない。反日感情の裏にある日本自身の反省の不足について言及しないまま、中国紙の言葉を用いて、前向きに進んでいく日本と、反省しない、「以前のまま」の中国という位置関係を構築している。さらに、中国国内の声を用いた上で、「感情を乗り越える勇気を持った」日本と、乗り越えられなかった中国の感情を同じ平面に置いている。しかし、同記事にもあるように、二〇〇六年に行われた日本政府による世論調査では、中国に親しみを感じていた人の割合は三四%である。日本側が歴史を直視したうえで感情を乗り越えているとはとてもいえない状況だろう。

二〇〇七年当時、日本サッカー協会の会長を務めていた川淵三郎は、協会のホームページでこの出来事について振り返り、次のような文章を載せている。

我々としては、試合開催にあたって力を尽くしてくれた中国サッカー協会や観客の皆さんに感謝の気持ちを表したいという、本当に素直なスポーツマンシップから出た行為であり、そこに意図的なものなどあろうはずがありません。

二〇〇四年のアジアカップを皆さんもよく記憶されていると思いますが、その時の状況と比べたら、中国のファンの意識は随分、変わったという印象を持ちました。あの時は、日本に対する激しいバッシングはとどまることがなく、やむなく政府筋が動いて鎮静化させたという経緯があります。今回はそれと異なり、様々な声が出ている。賛否両論あるのは当然のことですが、結果的には、日本が示したフェアプレーの精神が、来年北京オリンピックを迎える中国に対して、スポーツマンシップやもてなしの心、観戦マナーという点で問題意識を喚起するきっかけをつくったのではないかと思っています。論争はまだ続くのかもしれませんが、いずれそれがプラスに影響してほしい。スポーツを政治や宗教などの問題と切り離して考える契機にもなればと考えています。*32

この川淵の文章は、中国側の反応を批判した他の記事と同じように、中国側の無礼な態度に対して、日本が礼節をもって応じたという語りを踏襲している。この横断幕については、中国国内でも様々な反応があり、「日本の行動が中国の反省を促した」とするには無理がある。また、二〇〇四年のアジアカップにおける日本に対するバッシングを「政府筋が動いて鎮静化させた」のだとすれば、中国の人々の怒りは、中国政府にも十分に受け止められないまま抑圧されたことを意味する。三年後に中国国内から様々な声が出ていることについて、スポーツパーソンシップやもてなしの心、観戦マナーの見本を日本が示したとする考え方は、傲慢であるだけでなく、日本と中国を先進国と後進国に位置付け続ける植民地主義的態度が、戦後変わらず続いていることの反映ではないか。

これらの文章は、試合の間に浴びたブーイングと、植民地支配への怒りを同一平面で語っている。これは、日本の帝国支配と植民地主義がアジア諸国にもたらし、日本の歴史修正主義の台頭などにより再び深められた傷と分断、世代を超えて現在に影響を与え続けるトラウマを過小評価、あるいは都合よく忘れ去ろうとするものだ。さらに、これらの文章では、中国の人々が日本の国歌に対して起立して敬意を表すことが期待されている。つまり、かつて帝国主義の最大の責任者であった日本の天皇を寿ぐ歌に敬意を払えということである。日中友好と信頼に基づくアジアや世界との関係を築く上で障害となっているのは、日本がアジア諸国に与えた痛みとトラウマを忘れ去り、その友好とは呼べない関係性の原因を相手国になすり付ける態度そのものなのではないだろうか。

この「フェアプレーに徹する、思いやりのある日本」という言説は、二〇〇七年以降も度々登場する。中国でのＷ杯の翌年に開かれた二〇〇八年の北京五輪の期間中に、朝日新聞は「日中隣人：５　なでしこ『謝謝』、心結ぶ北京五輪」という記事を掲載した。この題が示すとおり、記事は、オリンピック期間中に日中両国の人々の心が感謝の表現でつながったことについて、「マナーのよい」日本人との出会いに驚いたボランティアの声を通じて語っている。

この大会で初めてボランティアをした汪さんは、日本チームに驚かされた。日本の記者を誘導すると「謝謝」「サンキュー」と礼を言われた。転がってきたボールを拾うと、選手も「謝謝」と片言の中国語で返してきた。中学、高校と歴史の授業で習った日本軍の残虐な仕打ちに、恨みはある。「歴史を正視していない」と思う。でも、知っていたのはドラマや映画だけで、実際に日本人に接したことはなかった。「日本は試合に負けたけど、観客の尊敬を集めた。精神的には勝ったんだと思う。日本に学びたい」（中略）同じ学生ボランティアだった馬悦さん（21）も「日本は思いやりを教えてくれた。歴史を忘れるつもりはないけど、そればかり繰り返してもしょうがない。もっと交流することが大切」と話す。（中略）「スポーツは歴史や政治を乗り越えられる可能性がある。」*33

ここでも、歴史や政治を乗り越える、あるいはそれらを持ち込むべきでない空間としてスポーツが語られる。東京２０２０を前に、世界的な「#Black Lives Matter」運動のうねりを受けてＩＯＣが「膝突き」行為を禁じたように、スポーツに政治を持ち込むべきではないという言葉は繰り返し語られてきた。しかし、オリンピックも含め、大きなスポーツ大会が常に様々な政治にまみれていることは、本書で議論するまでもない。[*34]

また、「中学、高校と歴史の授業で習った日本軍の残虐な仕打ち」と「実際に日本人に接した」機会を並べて語ることで、学校で習った歴史に対する不信を印象付ける。実際に日本人と出会うことから得る気づきは多いだろう。そこから作られる新たな関係性もある。しかし、過去を乗り越え今の出会いを大切に、という呼びかけは植民地支配の暴力を十分に認知も補償も謝罪もせず、なかったことにしようとする歴史修正主義の言説に乗ったものだ。引き続き被害者のリアルな損害と世代を超えたトラウマと向き合うことから逃げるだけでなく、その克服の責任を中国側に押し付けるものでもある。

マロフ・ハセインは、「(ポスト) コロニアルな現在と過去についての選択的な記憶」(Hasian, 2012, p. 476　筆者訳) は、「植民地主義的健忘」に参加する者たちが「植民地主義の暴力と搾取の産物を堪能」する一方で、「そのために払われた犠牲を忘却する」(ibid., p. 487) ことを可能にすると批判する。なでしこジャパンの横断幕をめぐる言説は、日本の女子選手と中国と韓国 (同時期に同様の言説が韓国の観客に対しても用いられた) の観客を対照的な存在として構築した。それは、冷戦期のアジアにおける戦争と混乱を背景とした日本の経済成長とバブル経済の潤沢な資金によって支えられた黎明期の女子サッカー (ひいては日本のスポーツ) の活躍と、彼女らが示したある種の余裕ある態度を日本の先進性と見なす。その一方で、米国によって引き継がれた植民地主義的搾取とアジアに対する戦争と基地による支配の歴史を忘れ、それに対する怒りや反発を後進性と見なす態度は「植民地主義的健忘」といえるだろう。

7　3・11となでしこジャパン

こうしたなでしこジャパンのモラルとスポーツパーソンシップを通じて日本を先進的な国として構築する言説は、二〇一一年ＦＩＦＡ W杯での日本チームの劇的な勝利についての語りの中でも繰り返された。同年三月一一日に起きた東日本大震災とその後の東京電力福島第一原発事故から約三カ月後に開幕した大会で、なでしこジャパンは毎試合後、海外からの災害救助と復興援助に感謝の意を表した横断幕を持って現れた。その横断幕に書かれたメッセージは、"To Our Friends Around the World, Thank You for Your Support"（世界の友人たちへ、支援をありがとう）だった。この出来事についてのメディアの語りには、二〇〇〇年代を通して蓄積されたマスキュリンなスポーツをプレーする女子選手たちを規範化する言説が結集されている。

二〇一一年七月一五日に新聞に掲載された社説は、その典型である。まず、なでしこジャパンの（日本的な）身体的劣性を克服する（男子との練習によって培われた）技術の高さを評価し、女子選手たちがいかに（男のスポーツであるがゆえに）恵まれない環境の中で苦労した経験から、プレーできる喜びとサポートしてくれた周囲の人たちに対して、常に（批判ではなく）感謝を表してきたかを語る。そして次のように続く。

こうした厳しい競技環境を乗り越えて、なでしこたちのひたむきさはある。
女子サッカーの人気は世界的に高まっている。日本でも、なでしこの活躍で認知度は大きく上がった。選手を取り巻く環境の向上につながって欲しい。

地元ドイツと対戦した準々決勝の前に、選手たちは大震災の映像を見て、自らを奮いたたせたという。試合後のピッチでは真っ先に横断幕を広げる。

「世界中の友人のみなさんへ。支援をありがとう」

ドイツで躍動するなでしこたちのメッセージを受けとめたい。そしてこの勢いで、頂点を極めてもらいたい。*35

この横断幕と並んで、なでしこジャパンのW杯優勝という歴史的偉業達成の舞台裏のストーリーもメディアで大きく取り上げられた。次の記事は、準々決勝以降、佐々木監督が毎試合前に大震災のビデオを見せることで人々の苦労に思いを馳せ、選手たちを奮起させたというエピソードの典型的な語りである。

3月11日に発生した東日本大震災。佐々木監督はW杯の準々決勝以降、被災地の様子などをまとめた映像を選手たちに見せ、気持ちを引き締めてから試合へと送り出した。被災地の人たちのために――。強い思いを胸に、選手たちは体格やパワーで勝る相手に必死に食らいつき、次々と打ち破っていった。

（中略）なでしこたちの雄姿が、震災による沈滞ムードに包まれていた日本国内に勇気と元気を与えたのだ。スポーツの持つ力を改めて証明した功績は、今後も色あせることはない。*36

小さな身体で見せる勇敢なプレーとスポーツへのひたむきさは、東日本大震災という未曾有の国家的危機に直面しながらも絶望しなかった日本人の魂に重ねて語られた。新聞の記事やオピニオンからは、深い悲しみと喪失感、痛みの中にあって、なでしこジャパンの苦闘と痛み、そして喜びとプライドを自身の物語として同一視（identify）

することへの欲求が現れていた。なでしこジャパンが掲げた横断幕は、選手たちの戦いと大震災後の日本の戦いを直接的、物理的に結びつけた。あの横断幕なしには、チームの勝利はあくまで比喩的なつながりとして語られたのではないだろうか。そして同時期の多くの記事で、「絆」という言葉がなでしこジャパンの「チームワーク」につなげて語られた。[*37]

次の記事は、なでしこジャパンの強さが、大震災を克服しようとする日本社会に、ひいては根源的な「日本人」の精神性により明確にリンクされている。

特に試合に出場できない控え選手たちの励まし、言動がチームの一体感を支えているのだという指摘が多い。韓国の友人に「あの大震災でも、被災者も被災者でない人も助け合う日本人のメンタリティーはすばらしい」と称賛の言葉をいただいた。女子W杯で感じた「あきらめない」「助け合う」「支え合う」気持ちは日本人の誇る心の大動脈であることを、我々はもっと誇っていいと思う。[*38]

この記事では、女子選手に繰り返し向けられた「特殊性」と「清貧」という言葉が日本の誇るべき国民アイデンティティにスライドしているのがわかる。国家と同一視される瞬間に、女子選手たちは先進性と現代性を体現するようになっただけでなく、規範的な、あるいは規範化し、国家化（natinalize）する言説を通じて、諦めずに努力し、互いを支え合う日本人の「心」となったのである。言い換えれば、二〇〇〇年代後半を通じて蓄積されてきた「清貧」と「女子の特殊さ」という言説が、「世界の見本としての日本」という言説資源となり、３・11後に日本社会が選手たちに自己を投影する土台を作り上げていたのである。

二〇〇〇年代初頭から二〇一二年のロンドン五輪に至る期間に、なでしこジャパンがいかにメディアで言説構築されてきたのかを分析してみると、日本の女子選手の「マスキュリニティ」は、しばしば複雑、柔軟で重層的な形で不可視化され、例外視されてきたことがわかる。その一方で、世界的な活躍は「日本人の強さ」として取り上げられ、祝福される様が見えてくる。同時に、二〇〇〇年代前半には日本女性の規範的「女らしさ」として語られた性質が、二〇〇〇年代後半以降、国家の先進性と現代性を示すものとして、ジェンダーを超えた日本のアイデンティティとして動員される様が浮き彫りになった。

オリンピックなどの国際的なスポーツ・メガイベントがやってくるたびに、日本代表選手の身体とスポーツ技能に対する不安が湧き出てくる。しかし、二〇一一年七月、日本の女性はその「日本の限界」をまさに「日本人の資質」によって克服した。前章で述べたように、これらの資質は、長くサッカーのように「男のもの」と考えられてきたスポーツに参加する日本人女性を日本人男性から区別するものとして語られてきたものだ。しかし、本章での分析は、日本の規範的女らしさとされた要素が、女だけでなく「日本人」としての国民アイデンティティや精神性として語られるようになる言説のシフトを明らかにした。なでしこジャパンの勝利が日本の人々がずっと持ってきた「凝り固まった」考えを捨てさせる役割を果たした、という語りを通じて、日本国民の「劣った」、「小さな」身体という呪縛から解放し、「マスキュリニティ」の回復が試みられている。

また、高いモラルと先進性を示した（とされる）なでしこジャパン言説は、日本の先進性へと横滑りされると同時に、「過去に囚われた」人々という語りを通じて中国や韓国を日本に劣る他者として差異化し、同時にコロニアルな語りも下支えしたのである。

注

1　金子達仁「空前絶後の快挙がもたらしたもの」『Sports Graphic Number』七八四号　一六―二一頁（二〇一一年八月一八日）
2　稲葉継雄（一九九八）「塩原時三郎研究――植民地朝鮮における皇民化教育の推進者」『九州大学大学院教育学研究紀要』一　一八五―二〇八頁
3　内海亮「『日本選手でも世界最優秀、夢与えられた』　沢が世界最優秀選手　女子サッカー」朝日新聞　スポーツ一　九頁（二〇一二年一月一〇日夕刊）
4　由利英明「風上の前半、先制許す　ドイツの壁、日本を阻む　サッカー女子W杯」朝日新聞　夕スポーツ　二五頁（二〇〇三年九月二五日夕刊）
5　柴田直治・北村浩貴「大谷未央さん（この人と　フライデー・インタビュー）」朝日新聞　兵庫二　二九頁（二〇〇三年一〇月一七日朝刊）
6　松井浩「The Face of 澤穂希」『Sports Graphic Number』五一八号　五頁（二〇〇一年三月二二日）
7　杉山圭子「サッカー選手・沢穂希さん　アトランタ（女たちの地球物語：一三）」朝日新聞　日曜版一　四一頁（二〇〇二年三月三一日朝刊）
8　松井浩「［アテネを沸かせた勇者たち①］女子サッカーなでしこジャパン『世界との差は、次への道標』」『Sports Graphic Number』六一〇号　一〇八頁（二〇〇四年九月一六日）
9　稲垣康介「荒川千金初ゴール、活路開く　五輪女子サッカー開幕スウェーデン戦」朝日新聞　スポーツ四　一三頁（二〇〇四年八月一二日朝刊）
10　河野正樹「なでしこ六点、圧倒　サッカー女子五輪予選」朝日新聞　スポーツ三　一七頁（二〇〇七年六月四日朝刊）
11　河崎三行「澤穂希 Nadeshiko Japan」『Sports Graphic Number』七七八号　九八―一〇〇頁（二〇一一年五月二六日）
12　米虫紀子・小川みどり・河崎三行「［女子ボールゲームへの期待］輝け！女子 POWER OF BEAUTY」『Sports Graphic Number』七〇九／七一〇号　七一頁（二〇〇八年八月二八日）
13　関谷亜矢子「浜口京子　レスリング（関谷亜矢子の戦士のほっとタイム）」朝日新聞　スポーツ　三頁（二〇〇二年一一月

一〇日夕刊）

14　加藤真太郎「（あの一瞬）女子レスリングW杯日本代表・井上佳子選手　目指すは北京、名古屋」朝日新聞　総合　三頁（二〇〇六年六月一三日夕刊）

15　宮崎俊哉「［女子レスリングの最強姉妹］金メダルよりも大きな夢」『Sports Graphic Number』七〇六号　九六―九九頁（二〇〇八年七月三日）

16　「（社説）なでしこ　頂点めざすひたむきさ」朝日新聞　オピニオン二　一四頁（二〇一一年七月一五日朝刊）

17　吉田秀明「（声）なでしこジャパンは東洋の魔女」朝日新聞　オピニオン二　一四頁（二〇一一年七月二一日朝刊）

18　田村修一「特別メッセージ　オシム『彼女たちの勇気から学ぶべきこと』」『Sports Graphic Number』七八四号　七三頁（二〇一一年八月一八日）

19　清水寿之「グローブ77号〈突破する力：70〉沢穂希　プロサッカー選手」朝日新聞　グローブ八　八頁（二〇一一年一二月一八日朝刊）

20　潮智史「技術のなでしこが変革　世界の女子サッカーが注目する」『AERA』二二頁（二〇一二年三月一九日）

21　清水寿之「なでしこ、攻めは低く速く　米国・ブラジル戦で五輪へ手応え　女子サッカー」朝日新聞　スポーツ一　一七頁（二〇一二年四月七日朝刊）

22　清水寿之「『運動量・動きの質で上回りたい』サッカー女子・なでしこ、今夜仏戦」朝日新聞　スポーツ一　一三頁（二〇一二年七月一九日夕刊）

23　清水寿之「なでしこ、仏に力負け　女子サッカー・国際親善試合」朝日新聞　スポーツ一　一五頁（二〇一二年七月二〇日夕刊）

24　「安藤梢選手（夢の向こうへ　近づくW杯：3）サッカー」朝日新聞　茨城一　三三頁（二〇〇五年一〇月四日朝刊）

25　松井浩「The Face of 澤穂希」『Sports Graphic Number』五一八号　五頁（二〇〇一年三月二二日）

26　杉山圭子「サッカー選手・沢穂希さん　アトランタ（女たちの地球物語：一三）」朝日新聞　日曜版一　四一頁（二〇〇二年三月三一日朝刊）

27　「アテネ五輪　最低でも出場勝ち取る　沢穂希（W杯に挑む）サッカー」朝日新聞　サッカー一　一七頁（二〇〇三年八月

二六日朝刊）
28 「（スポーツ人物館　指導者編）本田美登里　信念は『おしゃれで強い』サッカー」朝日新聞　スポーツ一　三頁（二〇〇七年七月二日夕刊）
29 石黒謙吾「チャート式 試験に出ない 日本女子スポーツの夜明けから現代まで。」『Sport Graphic Number』五二七号　六六―六七頁（二〇〇一年七月二六日）
30 河野正樹「なでしこ3人、挑む春　女子サッカー米プロリーグ開幕へ」朝日新聞　スポーツ一　三頁（二〇〇九年三月四日夕刊）
31 「（社説）日中35年『なでしこ』の精神で」朝日新聞　総合　三頁（二〇〇七年九月三〇日朝刊）
32 川淵三郎「『ARIGATO 謝謝 CHINA』とACLに見るフェアプレー精神」日本サッカー協会 http://www.jfa.or.jp/archive/jfa/communication/2007/070928/index.html（二〇〇七年九月二八日）
33 延与光貞「（日中隣人：5）なでしこ「謝謝」、心結ぶ　北京五輪」朝日新聞　社会二　三八頁（二〇〇八年七月四日朝刊）
34 オリンピックと政治の関係性については、ジュールズ・ボイコフ『オリンピック秘史　一二〇年の覇権と利権』（二〇一八年、早川書房）や、鵜飼哲『まつろわぬ者たちの祭り――日本型祝賀資本主義批判』インパクト出版会（二〇二〇年）、Helen Lenskyj (2020) *The Olympic Games: A critical approach.* Emerald Publishing などが参考になる。
35 「（社説）なでしこ　頂点めざすひたむきさ」朝日新聞　オピニオン二　一四頁（二〇一一年七月一五日朝刊）
36 「勇気与えた劇的世界一　11年度朝日スポーツ賞になでしこジャパン　サッカーW杯優勝」朝日新聞　スポーツ一　一三頁（二〇一一年一二月五日朝刊）
37 たとえば、向井宏樹・有田憲一「なでしこ、ひたむき　冬の時代を忘れぬ王者キックオフ　ロンドン五輪・女子サッカー」朝日新聞　社会　三九頁（二〇一二年七月二六日朝刊）、「（社説）なでしこ世界一　伸びやかさを力に」朝日新聞　オピニオン二　一三頁（二〇一一年七月一九日朝刊）。山本晶「（声）なでしこ世界一　女子の競技環境、改善急いで」朝日新聞　オピニオン二　一四頁（二〇一一年七月二〇日朝刊）など
38 宮明透「（かぼすブログ@トリニータ）なでしこＪＡＰＡＮが教えてくれた　宮明透さん」朝日新聞　大分二　二八頁（二〇一一年七月三〇日朝刊）

第Ⅲ部　言説の物質化と身体、主体性

第五章　スポーツと性差別、ジェンダー規範との折衝

1　スポーツとの出会い

身体はつねにすでに文化の記号であるので、身体が引き起こす想像上の意味の境界を定めるものであるが、しかしそれ自身が想像上の構成物であることからは、けっして自由になれない。

——ジュディス・バトラー（二〇一八、一三五頁）

ここからは、主体性構築分析の後半部分、選手たち自身の語りをみていく。選手たちの語りは、彼ら彼女らが、ジェンダーとセクシュアリティ、女性身体についての支配的言説とアスリートとしてのキャリアという難しい海を、多様で想像力に富んだやり方で航海していく様子を見せてくれた。本研究に協力してくれた選手たちは、しばしば有害で気持ちをくじくようなスポーツと女性に関わる支配的、規範的言説とどのように脱同一化しつつ、生きることができる主体性（livable subjectivity）を築いていくのかについて豊かな知見を与えてくれる。本章ではまた、ジェンダーの「物質面」についても考察する。「セックス」は、身体の不可変な「真実」として語られることがあ

表 5-1　研究協力者

名前	性自認	年齢 *	競技開始時期 **	競技レベル
サッカー				
ハル	特定せず /「GID ？」	20 代前半	小学 6 年	全国大会
アオイ	女性	20 代前半	小学 4 年	全国大会
カイ	FtM TS/GID	20 代後半	小学 6 年	全国大会
レスリング				
ソラ	女性	10 代後半	小学 4 年	世界大会
ヨウ	女性	10 代後半	3 歳	世界大会
アキ	女性	10 代後半	小学 1 年	世界大会
ナツ	女性	10 代後半	小学 3 年	世界大会
ハナ	女性	20 代前半	小学 2 年	世界大会
ソウ	女性	20 代前半	小学 1 年	世界大会
レイ	女性	20 代半ば	小学 4 年	世界大会
アズキ	女性	20 代後半	高校 1 年	世界大会
ユキ	女性	20 代後半	6 歳	世界大会

* 年齢はインタビュー当時のもの。
** スポーツの競技開始時期について年齢ではなく学年で記憶している人は、本人の表現を採用した。

るが、物質としての身体に意味を与えるのは言語であり、言説である。身体そのものも、化学物質や環境、医学介入などで変化し、社会構築の側面をもつ。

本研究を進めるにあたって、サッカーまたはレスリングの女子チームに所属する（あるいは所属したことのある）一二名の選手たちに出会うことができた。表5-1にあるように、研究協力者のうち、一〇名はシスジェンダー女性、一人はFtMトランスセクシュアル男性、一人は自身に当てはまるジェンダーカテゴリーがないと感じていた。協力者の競技経験も様々だが、一様にハイレベルでの競技（全国または世界大会）を経験していた。レスリングは特に競技者数が少なく、世界大会を経験した選手の数も限定されるため、個人が特定されうる情報は記述から極力省いている。協力者の名前はすべて仮名である。

研究協力者紹介
現在のスポーツを始めたきっかけは？

ハル（サッカー）
ハルは弟と一緒に公園でいろいろなスポーツをして育った。小学生のとき、テレビアニメ化された『キャプテン翼』の影響を受けてサッカー遊びもするようになった。そんな折、偶然家に届いた地元の女子サッカーチームの広告を見て、すぐに母にチームに入れてくれるように頼んだ。ハルは様々なスポーツで才能を発揮したが、最後はサッカーを選んだ。

アオイ（サッカー）
小学四年生のとき、女子友達に誘われて女子サッカーチームに入った。親の転勤に伴って日本のあちこちに引っ越したアオイは、関東のある県では女子サッカーの環境が比較的良好だったと記憶している。彼女が住んだある市では、女子だけのサッカートーナメントもあった。しかし、中学生になると、アオイは男子チームで唯一プレーする女子選手になった。

カイ（サッカー）
カイは小学六年生でサッカーを始めた。はじめカイは彼が小学校六年生のときに開幕したJリーグがそのきっかけだったと説明したが、後で女子が中心のスポーツをしたくなかったのだとも説明した。選手が全員男だったサッカー部にいることは、カイに「男のスポーツ」をしていると感じさせた。

ソラ（レスリング）
両親ともレスリングをしていたレスリング一家に生まれたソラだが、レスリングを始めたのは小学四年生のときだった。彼女を道場に連れて行き、選手として苦しんだときに励まし続けたのは母だった。

ヨウ（レスリング）
ヨウの父はレスリングチームの監督だった。母はレスリングの選手ではなかったが、姉の一人はレスリングをしていた。父がヨウのお姉さんのために開いた道場で、ヨウは物心つく前からレスリングの試合に出ていた。

アキ（レスリング）
アキは、小学校一年生のときにレスリングを始めた。当時、兄がレスリングクラブに通っており、アキもときどき彼の練習を見に行っていた。兄の練習の様子を見て自分もレスリングをやりたくなった。格闘技が大好きだったアキは、中学校と高校で柔道も習った。

ナツ（レスリング）
ナツの父もレスリングの選手だった。父は監督ではなかったが、ある日息子をレスリングの道場に連れて行った。ナツは二人にただついていっただけだったが、そこでレスリングをすることに決めたのは、スポーツなんてやりたくなかった兄ではなく、当時小学三年生だったナツだった。

ハナ（レスリング）

ハナは、女子レスリングが比較的盛んで、伊調姉妹や小原日登美などのオリンピックメダリストを輩出した青森県出身である。ハナの母親は、幼いころから身体が弱かったハナを知人のつてでレスリング教室に通わせることにした。ハナはすぐにその面白さに惹かれた。小学二年生のときに、ある試合で男子に負けたことがきっかけで強いレスラーになろうと決心した。

ソウ（レスリング）

「マット運動みたいのだからやりな」と母親から勧められ、小学校一年生でレスリングを習い始めた。だが最初は、レスリングであることを理解しておらず、タックルやタックル切り、構えを教えられても「これ一体、何してるんだろう」と思っていたという。「親もレスリングとか何にも知らないから、どういうことかすら知らないですよ」。

レイ（レスリング）

レイが四歳のとき、幼稚園の後に安全に過ごせる場所を探していた母によって弟と一緒にレスリングの練習に連れて行かれた。レイはレスリングが「女の子のするスポーツじゃない」と思っていたので、レスリング自体は好きではなかった。それでもレスリングを続けたのは、続けることを願う家族の気持ちと、中途半端にやめたくないという気持ちがあったからだ。その後、レイは企業スポンサーを獲得し、世界のトップ選手の一人に成長した。

アズキ（レスリング）

友達と近所の先輩の後を追って、アズキは中学校の柔道部に入った。アズキが友人に誘われてレスリングを始めたのは高校生のときだ。スタートこそ遅かったものの、アズキはあっという間に国内のトップ選手の仲間入りをした。大学に進学するつもりはなかったが、高校の先生の勧めに従って、大学のチームでレスリングを続けることを選んだ。

ユキ（レスリング）

ユキの両親は、身体を鍛えさせるために彼女の兄を地元のレスリングチームに入れた。ユキもアキのように六歳で兄の練習姿を見て、チームに参加することにした。彼女の中学校はレスリング部がなかったため、親族が監督を務めていた柔道部に入部した。レスリングがオリンピックの女子競技として採用されたのをきっかけに、高校で再びレスリングを始めた。

2　サッカーとレスリング選手のジェンダー化された主体の構成

その名付けとは、同時に境界の設定であり、規範の反復的な教え込みでもある。
——ジュディス・バトラー（Butler, 2011, p. xvii　筆者訳）

研究に協力してくれた選手、元選手たちがそれぞれのスポーツを始めるようになったきっかけは様々である。そしてすべての協力者がサッカー、レスリングともに「男のスポーツ」あるいは「男らしいスポーツ」であるという認識を持っていた。本節では、男性性と強く結びついたスポーツと社会のジェンダー規範を協力者たちがどのように経験し、その中でどのようにジェンダーの視点から主体を構築していくのかについて検討する。

そのプロセスは当然協力者それぞれで異なるものであるが、その中から共通して出てくるテーマ、またはメディア言説分析の中で見えてきた典型的な女子選手についての語りと重なる、あるいは異なる語りを拾い上げる。そうすることで、これらのスポーツに携わる選手たち、そして「日本女性」についてのステレオタイプ的な語り、規範に回収し、ジェンダートラブルを修復する言説が消し去ろうとする多様性、より開かれたあり方を可視化することがねらいである。

「男のスポーツ」というイメージと主体形成

協力者たちは、自分たちのスポーツ選択について、周囲の人々から様々な反応を受けている。その中でも、サッカーとレスリングが男のスポーツとして広く社会でジェンダー化されて理解されていることを示すわかりやすい例は、それらのスポーツに参加することを周囲の人が反対する場合である。

インタビューの中で、今まで誰かに反対されたことがあるかどうかを尋ねると、家族はおおむね協力的であったが、祖父母世代からの反対が頻繁に語られた。ヨウ、ナツ、レイ、カイは、自身の祖母から「危険」なコンタクトスポーツではなく、もっと「女の子らしい」習い事をするように言われていた。これらのスポーツにおける女性の活躍がより頻繁にメディアで取り上げられるようになり、そのような反応は減ってきたというが、「女の子に適切」とされる習い事のイメージは、上の世代のほうが強固に持っているようだ。

ヨウは三歳のときに父親と姉の影響でレスリングを始め、中学校では実家から遠く離れたレスリングの名門高校でトレーニングするために家を出た。彼女の出身県では、女子レスリングの選手数はとても少なく、男子ですら中学校に上がる前にやめることがほとんどだったと言う。レスリングを続けるためには、ましてエリート選手としてのキャリアを目指すためには、他の都道府県に引っ越さざるを得なかった。しかし、実家を離れたときの年齢が若かったこともあるのだろうか、ヨウの祖母はそれに強く反対した。

ヨウ：お婆ちゃんは、やってほしくなかったみたいです。地元を離れ、中学校んときに、A監督さんのとこに行くってなったときに、すごい反対してました。
筆者：あ、そう。それは家を離れるから？　それともレスリングだから？
ヨウ：家を離れることもあったし、中学校で続けるっていうのが、自分の町はB県っていったんですけど、B県はあんまりいなかったんで、女の子らしい生活を送ってほしかったみたいです。

筆者：でも今はそこから世界に羽ばたいて活躍していく中で、お婆ちゃんの態度とか変わってきてる？

ヨウ：応援はしてくれますけど、やっぱ帰省で帰ったときとか、こっち（大学がある町）に戻ってほしくないみたいで、早く帰って来てって言ってます。

筆者：そばにいてほしいのが大きいのかな。レスリング自体は肯定的？

ヨウ：は、もう全然。

ヨウはレスリング家族の中で育ったが、レスリングは女子には相応しくないスポーツだと考える人もいることを認識している。また、祖母の態度が変化していることも認めつつ、彼女の家族が持つレスリングのキャリアに対する異なる考え方を意識しながら生活している。ヨウが日本でトップクラスの選手に成長した後でも、祖母にとっては孫娘がスポーツキャリアのために地元を離れて暮らすことを受け入れるのは難しかったようだ。

レイとカイの家族も、祖父母以外はおおむね肯定的であった。カイは、彼がサッカーをすると決めたとき、「女の子は普通サッカーはしない」と周囲の人々に言われたことを覚えている。それに対して、なでしこジャパンの活躍が女子サッカーの認知を広め、人々の態度を変えたと感じている。しかし、レイもカイも祖父母世代はまだ男性中心的だったスポーツに女性が参加することに反対する姿勢を変えていないと見る。

カイ：大体お婆ちゃん世代が言うんですよ。女の子なのにサッカーなんかしてー、つって。うちはもう全然オープンな親だったから、何やっても何も言わないんですけど、婆ちゃんには言われましたね。危ないとか。

筆者：危ない？
カイ：蹴り合いするから、みたいな（笑）
筆者：女の子なのにって？
カイ：何やっても一緒だろみたいな（笑）

筆者：レスリング［の選手］も言ってたよね。なんか爺ちゃん婆ちゃんが女の子なのに可哀想って言うって。
レイ：あー、言ってきますね。なんでそんなことやるの、みたいな。
カイ：たしかに（笑）
筆者：でもそれは好きだからしょうがないでしょ、みたいな感じ？
レイ：自分は好きじゃなかったんですけど、親がやれって言ったから、しょうがないじゃんみたいな。でもやっぱりお爺ちゃんお婆ちゃんは女の子らしいものを、やっぱり、ピアノとか、そういうのを続けてほしかったみたいです。

このように直接的に家族から反対された人ばかりではなく、調査協力者全員が何らかの形で家族のサポートを受けながら高校以降も選んだスポーツを続けることができた。しかし、女子チームの少なさや、周囲の人から向けられる日常の小さなコメントや冗談は、サッカーやレスリングは「男のスポーツ」である、そのスポーツをする女はどこか男っぽいところがあるという社会の認識を理解させるに十分であった。たとえば、アキの場合、彼女のマスキュリニティとレスリングが明確に結びつけられている。アキが小学一年でレスリングを始めたとき、同じ小学校には男子も含めレスリングをしている子どもがいなかったが、男子ばかりが練習相手の環境で、アキはレスリングは男のスポーツであり、自分が他の「普通」の女性とは異なると感じるようになった。

アキ：レスリングをやってること自体が、なんかこう、男まさりっていうかなんか、普通の女性とはちょっと違うかな、みたいな。

男まさりは文字通り「男に勝る」と書くが、一般に「女性ではあるが男性に勝るほどしっかりしている」、あるいは気丈である人やその様子を指して使われる。レスリングをすることが、男性との比較の中で、男性に勝る（かもしれない）ものとして理解されていることがわかる。アキはまた、そのような女性のあり方が「普通」ではないとも感じている。その一方で、アキは友達から肯定的な言葉も受け取り、レスリングをする自分を誇りに感じている。

アキ：高校はそんなでもなかったんですけど、小学中学んときに学校の中でレスリングをやってる人が自分一人だけで、まして女で、そんときに、男子からも女子からも、そういうなんか、かっこいいとか。女の子なのに、なんか……。自分男の子とずっと練習してたんで、それすごいよね、とか。大会出たら、成績残したら、また頑張ってね、見てるからね、とか、応援してる、〔と言われること〕はありますね。

筆者：それは自分について考えるときにプラスになってる？

アキ：はい、なります。

筆者：別に男っぽいねって言われても、かっこいいねって言われても誇りに思って。

アキ：もう全然、はい。

この「かっこいい」という言葉について、アキはジェンダー化されつつ肯定的な言葉として理解している。日本の女子サッカーリーグで参与観察を行ったエドワーズは、かっこいいという言葉について、英語で“so stylish”、“so good looking”、“so cool”という意味で使われ、女子サッカーのコンテクストにおいては「典型的に髪の短い、より男っぽい見た目の選手に対して使われる」(Edwards, 2003, p. 315) と説明する。また、よりジェンダー規範に従った、フェミニンで“stylish”（おしゃれ）な選手の場合は、「きれい」と表現されることが多く、かっこいいという言葉は滅多に使われていないと述べる。さらに、かっこいいという言葉は、支配的な女らしさと男らしさの両方の要素を取り入れて自己表現するような選手に対して使われていたとも述べる。

かっこいいという言葉はその言葉が向けられる相手のジェンダーに関係なく使われるが、多くの場合、優れた男性性を発揮する人や場面に使われることが多い。勇気がある、重いものが持てる、見た目がハンサムである、あるいはスポーツに限らず専門的な高い技術を有する、という場合などだ。使われ方は多様であるが、アキの場合は、自分が「普通の女性」とは異なるレスリングでの活躍に向けられた言葉である。こうした些細な褒め言葉のあり方からも、アキはレスリングに自分が取り組み、そこで活躍することは、女らしさの規範を揺るがすものであるという認識を形成していることがわかる。アキは、そのレスリングと男らしさのつながりに同一化し、それを誇りにすると同時に、彼女のマスキュリニティについて他者が揶揄する言葉からは脱同一化しつつ、それが女子としては並外れた能力と技への賛辞として受け止めている。

他のレスラーたちは、周囲から小さなコメントや冗談を言われながらも、それを脇へ追いやってきた。ユキは

「レスリングは男のスポーツだ」と言われた経験はないが、「女の子なのにレスリングをやってるの？」という周りの驚きの反応について語ってくれた。

筆者：レスリングは男子のスポーツだっていうイメージはあった？

ユキ：あー。でも、男子のスポーツっていう……か。でもそういう感覚ですね。なんだろう……、「女の子なのにやってるの？」みたいな。「男のスポーツでしょ？」とかじゃなくて、「女の子なのにレスリングしてるんだ」みたいな、周りの反応？

ナツも大学に入学したとき、女子レスリングで有名な選手がいた大学でありながら、ナツがレスリングをしていることに友達は驚いたという。レスリングのキャリアを支えてくれる家族に育ち、幼いころから身近にレスリングチームもあったが、大学での友人たちが見せた驚きの反応は、レスリングのコミュニティの外では今でも女子がレスリングをすることは一般的でないことをナツに思い出させた。

レイも、男らしいというレスリングのイメージについて、翻って女らしいとはどういうことかを認識させられた出来事について語ってくれた。

レイ：今は、ここ〔の大学〕は、けっこう女の子集まってるんですけど、やっぱり地元は男の子ばっかりで、んー、なんか、レスリング自体が、私もレスリング自体が女の子がやる競技じゃないって思ってたんで、ずっと嫌だったんですけど。で、ずっとやってて、中学とかもまぁ、大会とか出ると学校で表彰してもらうのはいいんですけど、けっこう男の子とかから、からかわれることもあって。

筆者：どういうふうに？

レイ：レスリングは階級制だから、やっぱり体重とかもわかるんですよ。だし、なんでそんなのやってんのみたいな。えっと、ひどい言い方じゃないんですけど、ちょっとからかわれる感じで、冗談半分で言われることもあって。でもまぁいろんなところに練習に行くようになって、あ、女の子けっこうやってる子いるんだなーって思ってて、そういう思いはなくなって。で、まぁ中学卒業ぐらいで、ここに見学に来たときに、たくさん、女の子ばっかりだったし。

さらにレイは、いじめとは受け取らなかったものの、中学生になってからも男の子から、からかいを受け続けたことは、自身とレスリングの関係性に否定的な影響を与えたという。

レイ：中学校なってもまたそういうの学校とかで、まぁそんなすごい、いじめっていうほど言われるわけでもなく、表彰式があったりしたら、なんか、「おまえ体重〜キロなの」みたいなんとか（笑）。やっぱり階級も発表されるんで。「おまえ何キロなの」とか。あと……あだ名とかはなかったけど、なんかこう、男子と女子が、意見が分かれると、「やべえ、あいつにやられる」みたいな（笑）。冗談で。そういうの言われたりはありましたけど。そうですねー。けどまぁ中学校のときのそういうのがあって嫌だなって思ってたけど、区切りいいとこまでやんなきゃいけないから（笑）

男の子たちの「やべえ、あいつにやられる」という挑発とも取れる発話に対して、レイは「やるぞ」と応じた。男女の意見が分かれたとき、男子の意見が採用されることを力ずくで阻みうる存在としてレイは認識されており、レイもその遊び半分のからかいに乗ってやっている。

その後、レイはレスラーとしてさらに経験を積み、エリート選手として成長していく。周りに女子選手が多くなってくると、レスリングをしていることに対する否定的な気持ちは消えていった。また、彼女の競技レベルが高くなっていくと、男の子たちもいつの間にかからかうのをやめたという。「なぜからかいをやめたと思うか」という私の質問に対して、レイは首を傾げつつ、「男子も成長したからかな?」

男子からの執拗なからかいについて、レイはいじめと受け取らなかったが、このからかいはジェンダー規範の外に出るものを監視するジェンダーポリーシングの一種である。女が発揮する身体的な強さに対してことあるごとにコメントし、体重をからかいの対象とすることで、「〔レスリングをするような〕強い女は普通でない」、「女の体重は軽くあるべき」、そうでない女は馬鹿にしてもいいものとして積極的に発話し、コミュニティ内での認識を作り上げている。

そのようなポリーシングは実際にレイにレスリングをする自分自身に対する否定的な感情を呼び起こしたが、実際に自分の身体の強さを前面に出し威嚇したり、冗談で返したりして見せることで、男子の「未熟」かつ性差別的な反応をあしらい、そのような周囲からの「名付け」に対処する方法を身につけた。そして後には日本を代表するパワーレスラーに成長した。

レイのように、調査に協力してくれたほとんどのレスラーたちは、そのような周囲の「小さなコメント」をほとんど気にしていない、あるいは気にしなくなったと語った。気にしない、という対応は、ジェンダーポリーシングへの積極的な抵抗とは読めないかもしれないが、他者からの「名付け」を無視する、あるいは払い除けることは、彼女らのレスリング参加を問題にする支配的言説に対する重要な抵抗戦術である。気にしない、あるいは無視することは、そのような会話に参加したり、自分自身を説明したりすることを拒否することでもある。

サッカーについては、協力者の性自認が三者三様であったこともあり、サッカーがもつ「男らしい」イメージとの関係性は著しく異なっていた。それでも、三人ともサッカーは「男子のスポーツ」あるいは「男らしいスポーツ」と見られがちであることには同意していた。比較的女子サッカーが盛んだった県でプレーしてきたアオイですら、小学校以降に女子としてサッカーを続けることは簡単ではなかった。小学校では女子チームに所属することができたが、中学からは同学年でただ一人の女子選手として男子のチームに所属した。アオイは、自身の娘もサッカーをしているという男性監督の理解とサポートを受けることができた。しかし、すべての男子チームがそのように女子に門戸を開くわけではないと語る。アオイは、高校の女子チームメイトがアオイに語った中学時代のエピソードを教えてくれた。その友人は中学三年でチームキャプテンに選ばれるほどの選手だったが、それによって男子チームメイトからの「ガチ」のいじめを受けたという。

アオイ：高校で部活一緒にやった子とか聞いてると、やっぱり男子の中に入って、なんか女子けっこういじめられること多いんです。一人とかやったら。それで、まぁ気強い子やったからいけたんですけど。その、中学校三年生のときに男子サッカー部から本格的にいじめを。でもキャプテンやったかなんかで、サッカー部のキャプテンを女の子がやってたから、そっからいじめみたいになって、ほんとにちょっとガチのいじめで可哀想やなみたいに思ったことあります。

筆者：そういうのが他のところであった？

アオイ：はい、本人から聞いて、あぁやっぱ女子がなんかするっていうのは難しいんかな、みたいな。自分の中学も、一個下のキャプテン女の子やったんですけど、そこは全然よかったんですけど、やっぱり場所によったらそういう差別的なこともされるんやなって思いましたね。

アオイの友人の話は、メディアで描かれるような、男子の中で支えられながら切磋琢磨する女子ばかりではないことを示している。アオイが分析するように、それが「気強い子」であったからサッカーをやめずに済んだが、唯一の女子選手として男子のチームメイトから激しいいじめに晒されて、チームに留まり続けることができる選手がどのくらいいるだろうか。いじめがなくても、女子チームがないことで、小学校ではたくさんいたはずの女子サッカー選手が学年でただ一人となってしまう。そのような状況を生き延びて世界に羽ばたいた極めて稀な選手だけを取り上げ、男子ばかりという環境と理解ある男性たちのサポートのおかげと解釈するのは、男ばかりだったからこそ続けることができなかった多くの女子選手たちを都合よく無視することでもある。

男子であれば経験することがなかったであろう協力者のこういった様々なエピソードは、サッカーやレスリングがそれぞれのコミュニティで「男のスポーツ」として常に再生産されるプロセスと、スポーツと選手たちの複雑な関係性を垣間見せる。

「男らしさ」との折衝

レスリングの選手たちは、自分自身の身体について表現するとき、頻繁に「ごっつい」という言葉を用いていた。これは、周囲の人からそう言われるだけでなく、自分自身でもそのように表現している。ごついという言葉について、合場（二〇〇七）は筋肉質でしっかりした骨格をしていることであると説明する（同書、一二頁）。協力者たちは、この言葉をただしっかりした身体の様子を表すためだけではなく、ある種の驚きとからかいを含めた意味で使用していた。レスリングの選手にとって、筋肉の発達は練習の重要な要素の一つであり、レスラーとして成長したことを示す印でもあるため、「ごついい」という言葉については、誰がどのように使ったかによって異なる受け止め方をしている。インタビューの最中も、同席した他のレスラーたちを表現したりからかったり、称賛したりする文脈で使っていた。たとえばナツは、他のレスラーから言われると「ごっつい」は褒め言葉と受け止めるが、友達でない人やレスリングをしない人からの場合はそうでないという。

ナツ：選手としては、嬉しい。まぁ、普通に生活してる。で、毎日レスリングして、みんなすごいごっついとか、まぁけっこう言われるんですけど、自分。そういうのはけっこう嬉しいんですよ。

筆者：競技の仲間からってこと？

ナツ：そうですね。でもやっぱり学校、学校の友達からとか、普段学校で女の子として、その、こう生活してる上で、「ごつっ」とか言われると、別に嫌じゃないんですよ。もう言われ慣れてるから。ただ、「だよねー。〔少し嫌がる感じで〕」みたいな。やっぱり絶対、なんか、男から見ても、細い子のほうが自分は可愛いと思うんすよ。絶対に。絶対に可愛いんですよそのほうが。レスリングを、その競技、練習とかして、そういうときには全然ごっついとかもいいんですけど、普段はやっぱり、あー細くなりたいなぁとは思いますね。

この短いやり取りの中で、ナツは自分の身体と「ごっつい」という言葉とのアンビバレントな、ひびの入った関係性を表現している。「もう言われ慣れて」いるから特に嫌だとは思わないが、学校の友達からの「ごっつい」という評価を、男から見て「可愛くない」ものとして受け止め、またその名付けに合意し（「だよねー」）、「普段はやっぱり」細くなりたいと思うと語る。筋肉質な身体がジェンダー規範からはみ出ていることを、異性愛という枠組みにおいて魅力のないものとして理解している。

言われ慣れているから嫌ではないはずの「ごっつい」という評価について、ナツは、少し自分を卑下するような表情を作りながら「だよねー」と応じていることは興味深い。彼女のジェンダー規範との折衝戦術は、規範的な体育会系女子の言説と重なる。後の節で詳細に論じるが、この女子選手の「男らしさ」についての言説は、その男らしさがスポーツへの献身の結果として理解される限りにおいて、社会的に認知可能な範囲に留まりながら「男らしさ」を体現する空間を選手たちに与える。言い換えれば、女性身体に対して性差別的な学校の友達に対して、ナツはスポーツに専念し身体を鍛える選手としての一面と、それを可愛いとは思わない「普段」の女子としての一面という、体育会系女子の二面性言説を用いることで、ごっついけれども「普通」の感覚をした女子という理解可能な存在になっているのである。ナツは、ごっつい身体がレスリングの世界では重要な財産であり、高く評価されるものであることを知っている。それでも「普段はやっぱり、あー細くなりたいなぁとは思いますね」という言葉は、規範言説の統治力を示すものだ。

他のレスラーたちも、ナツの、身体に対するアンビバレントな思いに同意する。ソウとハナは、自身の身体と他者からのコメントに対して揺らぐ思いを語っている。ハナは「一般的な女子」の、細い「メリハリのない」身体は好きではなく、それよりも自分の鍛えられて引き締まった身体のほうが好きだという。しかし、自身の身体の一部、特に「割れた」腹筋が「男らしい」身体として象徴的な意味を持つがゆえに、それを他者に目撃されることは嫌だと感じている。

ハナ：あ、でも水着着たときに腹筋割れてるから、それはちょっとやだなーって、思いますけど。
筆者：腹筋がね。
ハナ：はい。で、出るじゃないですか、ここが（腹に手を当てて）。それがすっごい嫌だなーって。

そしてハナとソウは、親や友人たちの身体に関するコメントに対して不満を述べる。

ハナ：あと親にけっこう言われますね。「筋肉やばいね」みたいな。嫌じゃないですか、よく言われるの。
筆者：親が？　あ、そう？
ソウ：うちの親なにひとつ言わないよ。「またでかくなった？」みたいな（笑）。「うーん、わからない！」
筆者：それは、お母さん喜んでくれてるの？
ソウ：いや、わかんないっす。何にも急に、「ん？」みたいな。
筆者：また大きくなったって？
ソウ：なんか幅増えたみたいな。
筆者：そうなんだ。じゃあお母さんは、別に全然娘さんが大きな筋肉だっていうのは。
ソウ：たぶんレスリングをしてるから、何も言わないんじゃないですか。あと言われるのが、普通の人の肩幅の倍くらいあるね、みたいな。
ハナ：たしかに……。
ソウ：友達に急に、「太い！」（笑）「力入れて」とか（笑）
筆者：筋肉見せて、みたいな。それ言われたらどう？
ソウ：自分は「やめてやめて！」みたいな。
筆者：でもその瞬間に、自分の身体がまぁ、「そうでしょ」って誇りに思うというか。
ハナ：うんうん。
筆者：思う？
ハナ：思います。
ソウ：んー、たまに。

ハナは自身の筋肉質な身体と、ソウよりも肯定的な関係性を築いている。しかし、そんなハナも、特定の筋肉（割れた腹筋）については彼女の女性としてのアイデンティティ上、それを他者に見られることは問題だと考えている。ハナはまた、しょっちゅう筋肉質な身体をからかう親に対する不満を抱いている。「やばい」という言葉は肯定的にも否定的にも使われるが、ハナの受け止め方は、否定的である。このことは、ハナのようなエリート選手であっても、家族が必ずしも選手としての身体性も含めてサポートしているとは限らないことを示している。

ソウの親は、ソウが自分の身体について否定的な感情を抱くようなことは言っていない。それについて、ソウは自分がレスラーだからだろうと推察する。これは、レスラーではないのに今のような筋肉質な身体をしていたら、何か言われていたかもしれないと思っていることの裏返しとも言える。ナツのように、ソウもまたスポーツ空間の内外で、あるいは選手であるかないかで同じ身体性が異なる評価を受けることを認識していた。ハナもソウも、自分の筋肉質な身体に一定程度の誇りを持ってはいるものの、自分の身体について他者からの「名付け」に対する思いは、異なる空間で相反する意味を与えられる中で揺れ動いている。

レスリングの男っぽいイメージと折り合いをつけることに苦労したレイは、筋肉が発達していく身体に対して社会が与える意味合いにはっきりと気づいた瞬間を覚えている。レイはそのときの様子を次のように語った。

レイ：普通に制服着て、夏服で、勉強っていうか休み時間とかなんかやってて、で、前の男の子がこうやって後向いて話してて、で、「腕ふと！」って言われたときに、「はっ」と思って（笑）。それ、すごい覚えてます。でも中学んときに、レスリングの先生も、ま、これから先も続けていくのに筋力とか必要だからって言われて、けっこうウェイトトレーニングとかもしてたんですよ。そんときに自分でもそんなに感じてなかった、なくて、太いって（笑）。普通にやってて、で、その男の子に、「わ、おまえ腕ふと！」って言われたときに「は!?」と思って（笑）。そうなのか、って思って改めて。

レイはレスリングが男っぽいイメージであることは認識していたが、中学校のとき、前の席に座っていた男子の発言によって、レイは女らしさの規範との関係の中で自分の身体性を認識するに至った。それまでウェイトトレーニングはレスリングの「普通」の練習の一環だった。しかし、その「太い」という他者からの身体の名付けの瞬間から、ウェイトトレーニングは選手として強さを与えてくれるものであると同時に、自分をジェンダー規範の外側に押しやるものとして認識されたのである。それ以来、レイはそのような周囲の反応もまた日常の一部となり、それによって女性としての自分のアイデンティティを揺さぶられることはなくなったという。今では、「普通」の女性とは異なる形で自分の身体を形作っていくすべてのトレーニングが、レスリングにとって普通で必須の部分であると考えている。

アキとソラ、ヨウもまた、筋肉の発達した強靭な身体はレスリングにとって必須であり、筋肉の発達を嫌って避けるということは選択肢にないと考えている。アキとソラにとっては、そのような発達した筋肉についてのコメントは喜ぶべきことである。

ソラ：服入らないときには「くそ」って思うけど（笑）。まぁ、服のためにそんな筋肉つけない、とか言ってる場合じゃないし。仕方ないかなと。
筆者：自分に筋肉がつくことに関して他に抵抗があるときってある？
アキ：特に。
筆者：むしろ嬉しいとか。
アキ＆ソラ：うん。
ソラ：太いって言われると、太くなったって言われると、なんか（照れた様子で）「えっ、えっ」ってなる（笑）
アキ：（笑）
筆者：ちょっと照れる？
ソラ：うん。

アキ：ちょっと嬉しい。

他者からのコメントに対するアキとソラの反応は、他のレスラーたちの反応とは若干異なっている。二人は他の女性から差異化されるそのようなコメントを歓迎し、控えめに「ちょっと嬉しい」と表現している。

他にもたくましい自分の身体や行動が、スポーツ以外の空間において他の女性から異なるものとして名付けられた瞬間についていろいろ語ってくれた。ユキの場合は、自分の身体とその強さがジェンダー規範に従わない、異なった存在であることを認識したのは、身体の見た目そのものへのコメントよりも、肉体を使った活動をする姿への反応だった。ユキにとっては「普通」の重さの荷物を運ぶと、周囲の人はそれに驚いたり、時には皮肉を言われたりすることもあるという。

ユキ：なんか……あの、けっこう力あるじゃないですか、当たり前だけど。それで荷物とか運んだりするときに、自分の中では普通だと思ってパッと持っていくのが、「えっ！」てなる。「大丈夫？」とかなるときに、あ、って思います。
筆者：それはどういうときに？
ユキ：たとえば、米とか運ぶときとか（笑）
筆者：一〇キロひょいみたいな？
ユキ：一〇キロ、一〇キロとか、二〇キロくらいのをパッと持っていっちゃうんですよ。そうすると、「えーっ」て。普通一個（一〇キロ）だろ、みたいな。とか、んーそう、なんだろう、そういう荷物を運ぶ的なときに、自分の中では別に普通に持っていこうとするときに「えっ!」ってなったりするときに、あ、普通の人はこれ一個にするんだ、とか。あと、けっこうめんどくさかったりすると、荷物同じものをいっぱい運ばないといけないとかあるじゃないですか。なら、ばーっと重ねて持っていけるんだったら重ねて、重たかったとしても、持っていこうとすると、「え、大丈夫?」みたいに。

筆者:そのときは、どう感じる?

ユキ:その、なんだろう……。その人の、反応の仕方? 人によって、なんだろう……あ、なんか、「すごいね」、とか、「え、大丈夫?」っていう感じの、嫌みのない感じのとき、は全然大丈夫だけど、たまに、「え?」っていう顔をされるときがあるんですよ。たぶんその人はそういうつもりじゃないんだろうけど、自分が勝手に感じてるだけかもしれないけど、なんか、感じ悪いとき。感じ悪いっていうかなんだろう……そのときは、なんか……自分が力強いこととか、じゃなくて、そういう、そういう雰囲気を出す、出されることがなんか、ちょっと、嫌な、感じは。

ユキは、他者が彼女の強さに対して示す否定的な態度について、嫌な感じであると表現している。彼女のように厳しい筋力トレーニングに励むレスラーにとって、一〇キロの米袋を二つ一緒に運ぶことは普通のことである。トップレベルのレスラーであるユキの強さに周りが驚くことに不思議はない。しかし、ユキは、単に驚いた人の反応と、彼女の強さを否定的に見なす人の反応の違いを慎重に区別している。彼女が「そういうつもりじゃないんだろうけど」と相手に悪意はなかったかもしれない可能性に触れつつも、「え?」という驚きとも疑いとも、非難とも取れる反応は、ユキの重いものをパッと持つという行為に対して、それが女性にとって普通ではないのだと知らせることで、女性身体の規範的範疇をユキに示して見せるのである。

このような場面で、ユキが一〇キロの米袋を二つは持ち上げられないはずだ、と周囲の人は考え、大丈夫か、と確認する。その多くが好意的な反応であることを理解しつつ、ユキは同時に彼女の驚くべき身体的強さがジェンダーポリーシングに合っていることも敏感に感じ取っている。このようなジェンダーポリーシングは、ジェンダー／セックスの行為遂行性をあぶり出す。ジェンダー規範は、ジェンダーではなく、セックスとしてしばしば語られる「身体の事実」と深く結びつけて語られる。ユキは重い米袋を重ねて運ぶことができないだけでなく、運ぼうとしないことが期待されているのである。「持っていこう」とするときに向けられる嫌な反応がユキに教えていることは、それが怪我の原因になるからしないほうがいいということではなく、「普通の人はこれ一個にする」ことが、規範的な身体の強さとその使い方の範囲である。女は強くないというふうにパフォーマンスすることを期待され、重いものを持たないことを通じて、弱い性としての「身体の事実」がその効果として生み出されていく。だが、ユキは周囲を驚かせるほどのパワーで米袋を運んで見せることで、その「事実」を揺るがしてもいる。

インタビューの中で、調査協力者たちは、第三章で取り上げた「献身的な選手」言説に非常によく似通った語りを用いて、自身の「男らしい」と見なされる部分と社会のジェンダー規範の関係性について説明した。その語りは、スポーツは一時的なものではあるけれども、女子選手たちが性自認や性的指向について詮索の目を向けられることなく、アスリートとしての「普通」のあり方として「男らしさ」を体現できる空間となる可能性を示唆している。

3　体育会系女子——女性アスリートの規範的マスキュリニティ

これまで見てきたとおり、マスキュリニティと女子選手の関係性は複雑であるが、スポーツはその二つがジェンダー秩序を脅かさない、理解可能な形で結びつける。スポーツを媒体にしたそのような結びつきについて、協力者たちの銭湯での経験が示唆的である。協力してくれたレスラーたちが通うB大学の側には、B大学のレスラーたちや大学関係者がよく通う銭湯がある。その銭湯の利用者から身体をジッと見られたり、何か言われたりした経験があるかを尋ねた。B大学のレスリングチームは地元でも有名で、そこに通ってくる地元の人たちは、彼女らの顔を覚えているからではなく、鍛えられた体つきを見てB大学の学生だと気がつくのだという。

ハナ：そこのお風呂行くんですけど、けっこうおばさんたちいるんですよ。したら、なんか「レスリングとか格闘技やってるでしょ？」みたいな、「そこの学生さんでしょ」ってよく言われるんですよ。
レイ：銭湯行ったとき［に身体を見られると感じる］。
筆者：見られる？
レイ：ん、まぁここらへんだから、たぶんおばさんたちもけっこうレスリング有名ってわかってるから、銭湯行ったときに「あんたらレスリングやってる？」みたいな。
筆者：おぉ、わかるんだ。
レイ：いい身体してる、みたいな、言われますけどね。

B大学周辺のコミュニティでは、女子学生たちがレスリングの練習をし、国際的に活躍する選手もいることがよく知られている。特に銭湯はレスリングチームの選手たちがよく利用することもあり、彼女らの筋肉質な身体は日常的に目撃されているのだろう。特筆すべきこととしてレスラーたちの身体についてコメントする利用者がいるものの、おおむね肯定的なもので、地元、あるいは国のヒーローとして認識されている。ハナがいうように、筋肉質な身体は、スポーツ選手、特に格闘技の選手だと見なされ、「いい身体」であると見なされていることがわかる。

ここで「いい身体」という言葉は、選手たちへの好意的な言葉と見なせるだろう。しかし、「いい身体」とは、しばしば力強く鍛えられた身体を指す表現であり、日本社会で女性の美の基準とされる細い身体とは異なるものだ。また、「あんたらレスリングやってる?」と質問した上で「いい身体してる」と認定することは、その利用者たちが女風呂で出会った筋肉質な若者を「男らしい―女らしい」という単純な二元的枠組みの外側であるけれども、棄却された身体ではなく、「女子選手」という規範の枠組みに回収可能な主体として位置付ける行為と解釈することができる。

選手たちも含めこの認識枠組みが広く共有されていることは、その後のインタビューでのやり取りの中で同性愛嫌悪やトランス嫌悪の経験と結びつけた私の質問を協力者たちがはじめはうまく理解できなかったことからもうかがえる。ほとんどの協力者たちは、なぜたくましい身体についての周りの反応の話が同性愛嫌悪やトランス嫌悪の話につながるのか、最初は飲み込めないようだった。結果として、インタビューの時間を割いて、北米社会を対象にしたスポーツとジェンダー研究では、女性が「男のスポーツ」をやろうとしたり、男っぽいと見なされた女子選手がレズビアンであることを疑われたり、性的に倒錯した存在としてスティグマ化されてきた歴史が明らかにされていることを説明することになった。協力者たちの困惑ぶりは、彼女たちの無知として説明することはできない。

実際のところ、協力者たちはレズビアンやトランスジェンダーの友人を持ち、日本社会にまだ根深い同性愛嫌悪とトランス嫌悪があることを認識していた。困惑の原因は理解の枠組みとなる言説である。

私の質問の背後にあった北米の研究結果について説明した後、アズキは大学でレズビアンではないかと噂された経験について語った。しかし、それは彼女がレスリングをしているからでも、男らしいと見なされる身体つきをしているからでもなく、家族から遠く離れて暮らし、厳しい練習に多くの時間を費やすアズキのために友人がいろいろと世話を焼いてくれ、キャンパスで一緒に過ごす時間が多かったからだとアズキは考えている。

他のレスラーも、過去のチームでレズビアンではないかと噂された選手がいたことを覚えていた。その選手についても、彼女の見た目やレスリングとの関係性ではなく、単にある女友達とずっと一緒にいたことが原因だったと考えている。

アズキの話を聞いている間に、ナツは他の大学チームに所属しているとても「男っぽい」選手のことを思い出していた。その選手は女子レスラーの中でも際立つほど筋肉質な身体をし、坊主頭だったという。アズキは横からその選手は「男に興味があるようには見えなかった」と付け加えた。それに対してナツは、「でもあの人は女子に興味があるようにも見えなかった」、「ひたすらレスリングっていう感じ」と説明する。

アズキとナツとのインタビューが終わった後、ナツとアキにこの選手のことを尋ねてみた。

筆者：レスリングの中で、そういう髪をめっちゃ短くする人が出てきたら、そういう人のイメージって、どういう感じ？　なんか気合いだって言ってたじゃない。それ以外にどういう意味があると思う？

アキ：あー。気合い……。

ナツ：気合いとしか思わない。
アキ：気持ちを新たにして、なんか頑張るみたいな。
筆者：それは試合とかそういうレスリングに向けた気持ち。じゃそこでさ、この人もしかしてジェンダー・アイデンティティは男なのかなとか、そういうふうにはならない？
ナツ：んー。ならん。
アキ：そういうふうにはならないですね。
筆者：なんかその人、筋肉もかなり、たぶん体脂肪率が低かった？
ナツ：そうです、そうです。
アキ：ごつい、ほんとにごついよね。
ナツ：もうやばい。
筆者：レスリングの人はみんな鍛えてるから、それなりにごっついといえばごっついと思うんだけど、その人はレスリング界でも違った？
ナツ：違うよね。なんかもうレスリングのためだけに、もう、周りにあんまこう、彼氏とかそういうことには興味なさそうな、本当にレスリング一本っていう人だと思うんですよ。
筆者：それはその見た目以外にも、そういうなんか。
アキ：しゃべんないよね。
ナツ：合宿とかの、行動とかの日誌とかも毎日つけて、細かく。
アキ：常に自分のペースで、こう、ご飯の時間とかも、自分でちゃんとして。

北米での研究とは大きく異なる文化的コンテクストとして、女性が髪を短く剃ることの意味が挙げられるだろう。女性が「坊主頭」にすることは、出家した尼僧が己への戒めとして、悟りに近づくために頭を丸める行為から転じて、深い反省や相当な覚悟を表現する行為として解釈される。スポーツの中では、男子の高校野球選手が伝統として行うことがあるように、坊主頭は頻繁に見られるが、おおむね何らかの罰か、覚悟を表すものとして解釈される。スポーツへの献身とコミットメントのシンボル的行為と言えるだろう。女性の場合は、ごく稀におしゃれの一環で坊主頭にすることもあるが、単なるおしゃれだとはなかなか受け取ってもらえないばかりか、不適切だとすら見なされることがある。

カイが中学生だったときに、カイとチームメイト数人が頭をスポーツ刈りにしたことがあった。校長はその生徒たちを叱りつけたが、カイの担任の先生は、「この子たちは暑いから大変なんです」と言って庇ってくれた。しかし、担任の擁護にもかかわらず、その校長はしばしば選手たちの髪型をチェックし、女子として「適切」な長さになっているか確認したという。

協力者たちが語ってくれた「女子の短髪」についての解釈は、ジェンダーの観点から「不適切」と見なされる行為が、スポーツのコンテクストでは献身性や必要性と結びつけられ理解されることを示す。アズキとナツが語った短髪の選手は、女子レスラーとしても珍しい筋肉質な身体と、真面目にレスリングに取り組む姿勢と合わせて「本当にレスリング一本っていう人」と解釈されているのである。

繰り返しになるが、協力者たちが「男っぽい」見た目をしたレスラーをレスリングに対する献身ぶりとして解釈していることは、レズビアンやトランスジェンダーの選手が存在する可能性を考えられないことを意味するものではない。そうではなく、そうした協力者たちの解釈が示しているのは、女子選手の「男らしい」見た目や、「男に興味がない」ということが、少なくともスポーツのコンテクストにおいては性的な倒錯を示唆しないということである。これは北米の知見とは大きく異なる。この女らしさの規範と献身的な女子選手という言説構築の間に生じる亀裂は、規範的女らしさの外側にあり、男らしさを体現していても、異性愛規範の中に回収される「第三」のジェンダー空間を生み出している。

この「体育会系女子言説」とでも呼べる女子選手のマスキュリニティを規範化する言説は、日本社会のジェンダーとセクシュアリティに関わる多様な問題に関係している。一方で、これらの言説において、スポーツで発揮されるマスキュリニティと選手たちのジェンダー、セクシュアリティに関するアイデンティティは、北米で指摘されるほど直接的にはつながっていない。エドワーズが日本の女子プロサッカーを対象にした調査で明らかにしたように、この言説は選手たちに多様なジェンダー表現をするスペースを作り出している。選手たちは「男っぽすぎる」や「レズビアンではないか」といったラベルを過度に警戒することなく練習に励むことができる。

しかし、もう一方では女子選手たちは当然異性愛者であり、シスジェンダーであると思われているがゆえに、スポーツ空間の外側では女の子らしい一面を見せ、引退後は『Number』の体育会系女子の記事にあるように、大人の女性として規範的な生き方をしていくことが求められる。スポーツの外、あるいは引退後も「男っぽい」服装をし、異性との恋愛に関心を持たないこと、あるいは同性との恋愛への関心は、メディアの言説と同様に不可視化されている。そして、「男らしさ」がスポーツへの献身と見なされるのは、「女らしさ」あるいは「女であること」がスポーツに十分に身を投じていないからだと見なされる、つまり、高いスポーツの能力と女らしさは相容れないと見なされる可能性があるということだ。

4　「女になるな」

「男のスポーツ」と考えられてきたスポーツに励む女子選手たち（本人の性自認とは関係なく、社会からそのように見なされている選手たち）とそのマスキュリニティが社会でどのように語られるのかを明らかにするためにこの研究を始めた。したがってインタビューの質問項目は、選手たちのマスキュリニティについてなされるコメントを意識して作成した。しかし、実際にインタビューをするうちに早い段階で気づかされたのは、それとは逆の形で選手たちのジェンダーやセクシュアリティが問題視、あるいは監視される可能性、すなわち「女らしさ」が取り締まりの対象となることを想定できていなかったことである。研究に協力してくれた選手たちは、スポーツ空間ではマスキュリニティと同じくらい、あるいはそれ以上にフェミニニティが問題視されるのではないかと指摘する。

フォローアップインタビューの中で、レイは少しためらう素振りを見せながらこう切り出した。

レイ：あの、あんまり関係ないかもしれないですけど、なんかそのスポーツをやってて、たまに男女の意識をするのが、監督に「女になってんじゃねえよ」って言われることがあるんですよ、よく。

筆者：え？

レイ：（笑）やっぱり大学生になったりしたら、髪の毛もちょっと染めたいし、とか、まぁちょっとパーマ当てたりとか、そういう学生もいて。あと、足とか見えないとこだけマニキュア塗ったりとか。で、やっぱそういうの見ると、監督としてはレスリングだけに今は集中してほしいから、そんなのいつでも（レスリングを」やめたらできるんだからって言われて。「女になってんじゃねぇよ」ってよく言われるんすよ。そのときに、まぁ学生とか自分たちも、「いや、女だし」みたいな（笑）

ユキも男っぽくするな、というようなことよりも、監督から女になるなと言われたことを覚えていた。

ユキ：どっちか……っていうと、練習中とかに、よく、その、なんだろう。監督とかになんか、だから女はこうこうこうだみたいなふうに言われるのがすごい嫌だったのは、覚えて……〔いる〕。
筆者：それはどういうときに言われたか覚えてる？
ユキ：えっと……なんだろう。技とか、その、練習してるときに……なんて言うんやろう……うーん、女はとろい的な。なんて言うか、覚えが悪い的な。
筆者：女になるなっていうのは、具体的にどういうことを言ってるんだと思う？
ユキ：えっと、たとえばこういうのとかです（笑）〔著者にピンクのネイルアートを見せる〕。
筆者：え、それはなんでダメなの？
ユキ：え……なんだろう……意図は、自分たちは、その、本当のところの意図は理解……理解っていうか、わかんないけど、勝手に自分たちで解釈してるのは、一つは、こういうのをすることで、生活の乱れ（？）的な。
筆者：それに時間が取られるからってこと？
ユキ：なんか、意識がそっちに行き過ぎるみたいな。自分がえっと……強くなろうとか、どうしたら次、レスリングを考える時間よりこっちに行き過ぎることで、こっちに走ってく？　その、あ……どう言えばいいんだろう……。たとえば練習してて……練習終わった後一時間ウェイトしてから帰るのと、練習終わってすぐに、もう化粧して遊びに行くっていうのと、なんかたぶんそういうちょっとした……。

筆者：イメージが監督の中にある。

ユキ：ある……とか、男に走る？　で、なんか、（笑）これもしょっちゅう言われたのが、「女は」なんか「男にハマる」みたいな。男できたら、そっちに重点がいくみたいな。

レイとユキは、監督の「女になるな」という発言について、レスリングに関係ない（と彼が考えた）こと、たとえばおしゃれやボーイフレンドなどにエネルギーや時間を費やさないように言っているのだと理解している。しかし、レイが冗談混じりに指摘したように、少なくともこの発言について語ってくれた選手たちはみな、女性であり、そうでないことを求めるのは無茶である。つまり、この監督が女になるなということで要求していたのは、レスリングを生活の最も中心に置き、それに直接的に関係ないことは削ぎ落とせということだ。

こういったプライベートを過剰にコントロールするような監督の要求は、選手に対する虐待と見なすこともでき、社会的な議論と対策が必要である。本書では、しかしながらそうした言説とジェンダー・イデオロギーの関係性にひとまず集中したい。先ほどの監督の言葉をもう少し深く掘り下げると、女性の性差別的言説構築と選手のセクシュアリティに対する監督の家父長的コントロールという側面が見える。監督の「女になるな」という言葉が選手たちによって「競技生活に集中しろ」と解釈されているということは、彼が考える女としての生活、あるいはあり方がアスリートには相応しくないものだと考えられているということだ。

この言説はこの監督独特のものではなく、日本社会にある程度の広がりがあることを、前出のエドワーズの研究が示している。

度々、Lリーグの選手たちの欠点は、彼女らが女であることに帰され、彼女らの性別の自然の成り行きとして扱われた。その特徴は、スポーツ以外の日本の社会で女性に対して与えられるステレオタイプに似ている。訓戒を込めてLリーグのコーチたちは、選手らにフェミニンでないこと、ある意味では女である度合いを減らすよう求めていると解釈できる。

(Edwards, 2003, p. 121　筆者訳)

「女になるな」という男性コーチからの要求は、女性の競技能力に関する性差別的で異性愛主義的な認識が奇妙に理不尽な要求として言語化されたものだろう。そしてメディアが繰り返し生み出してきた「男っぽい」女子選手を「献身的な選手」と見なす言説を下支えしているのも、女を「すぐ男にハマる」存在とし、ファッションや化粧に気を取られて競技を疎かにするという女性に対する差別的ステレオタイプであり、女性を、そして女性性をスポーツと相容れないものと見なす、スポーツ内外にはびこる男性中心主義である。これは、男子選手に対して同様に「男になるな」という要求をされることが想像しづらいことからもわかる。女子選手たちは、男のようになること、でも男ではないこと、女であること、でも女にはならないこと、という不可能で支離滅裂な要求を突きつけられているのである。

また、「女になるな」言説は、選手のセクシュアリティに対する家父長的コントロールでもある。飯田(二〇〇三)は、日本メディアにおいて女子選手がしばしば娘や妻として、監督を家父長と見なして構築することを批判した。先ほどのインタビューの一節にあったように、ユキは「女になるな」言説の裏に監督による女子選手のセクシュアリティの管理があることを鋭く見抜いている。そこで要求されていることは、単に「女らしく」ならないように、ということだけでなく、男と恋愛関係になるなという要求である。これは中学や高校の部活動で未だに見られる「恋愛禁止」ルールにもつながるものだろう。

選手のセクシュアリティ管理について、レイとユキは、チームの監督が、選手がデートしているかどうかにとても敏感だったことを記憶している。その監督は、選手が実際に誰かと付き合っているかどうかにかかわらず、しばしば男子とのデートについてコメントしたという。

ナツ：頑張ってる分には、〔監督の真似をして茶化すように〕「なんかあったのか？　男でもできたのか？」みたいな感じでそれで終わるんですけど、調子が悪くなってきたりすると、「おまえは男に走ってんじゃねぇ」みたいな。
筆者：本当に本人に彼氏がいるかどうかにかかわらず？
ナツ：かかわらず、です。ほんとに、レスリングだけをやってほしいのに、そういう服とか化粧とか、そういうのがね、嫌なんだよね、たぶん。
アキ：レスリングだけ、今は、レスリングだけ頑張ってればいい、みたいな。
ナツ：もうレスリングのために練習して、レスリングのためにオフの日も休んで、遊びに行ったりもたぶんあんまりしてほしくないと思うんですよ。

このようなナツとアキの解釈は、他の選手にも共有されていた。インタビューしたレスラーで一番年長にあたるアズキとレイは、監督のそういった「女」や「男」に関するコメントを引き出すかもしれない行動を一切しないようにしているという。「女っぽい」と読まれるような見た目や行動、デートの噂が立つようなことすべてである。「献身的な選手」言説をヒンジにした監督の「女になるな」発言は、こうして選手たちのジェンダー表現やセクシュアリティ、スポーツの空間内外における行動を管理する効果を発揮していることがわかる。

5　モノ・身体・主体性

これらの構築概念の代わりに私が提案するのは、モノの概念に立ち戻ることで、それは現場や表面ではなく、時間の経過とともに安定化し、境界、不変性、そして表面と私たちが呼ぶ効果を生み出す物質化のプロセスとしてである。モノは常に物質化であるとは、フーコー理論で説明されるところの統治権力の生産的で実際に物質化する効果と考えることではないだろうか。
——ジュディス・バトラー（Butler, 2011, p. xviii　筆者訳）

ここまでは、研究に協力してくれた選手たちが言語のレベルでどのように他者から語られ、意味付けされ、それを協力者自身がどう理解したかについて見てきた。本節ではその焦点を、身体とモノと主体性の関係性に移す。ジェンダー／セックスの行為遂行性についての議論の中で、バトラーは身体を物質として、物質化される（materialized）ものとして、反復的実践の「作用の堆積」（ibid., p. xviii）として提示している。

スポーツする身体は、競技のためのトレーニングに効果的に打ち込めば打ち込むほど、その特性に適応すればするほど、「特殊」なものになっていく。筋肉量や質、体脂肪率や体重、体積、柔軟性、空気や水の抵抗に至るまで厳密に管理・訓練された身体は、写真家のハワード・シャッツの「アスリート」シリーズで写し出される身体のように、ジェンダーや人種のステレオタイプをひっくり返すような多様性を示す。スポーツでの競争は特定の身体を選ぶと同時に特定の身体を作り上げる。

では、「男らしい」スポーツ、特に大きな筋肉の発達が求められるレスリング選手たちの選ばれた、そして作られた身体は、バトラーとフーコーの「統治権力の生産的で実際に物質化する効果」についての議論の中でどう解釈することができるだろうか。また、選手たちの身体は、服やユニフォーム、アクセサリーといった「モノ」との関わりによってどのように感じられ、その感じられ方はどのように意味付けられ、その意味はどのように社会的に構築されているのだろうか。そしてその感じられ方と意味の間から、どのようなジェンダー化された主体性が立ち上がるのだろうか。

ここで「モノ」あるいは物質に関する節を設けることは、これまで見てきた言説が物質から切り離された存在であることを示唆するものではない。筆者のねらいは、ジェンダー化された身体の言説構築に関する議論の中に、「言説概念の中にモノを再び刻み込む」（Larsson, 2014, p. 637）ことである。

言説実践を通して物質化される様々なモノ（「女の子らしい」服、アクセサリー、ユニフォームなど）が、厳しいトレーニングを積んだ、特定のスポーツに特化する形で生み出された選手たちの身体に接近することで、そのモノと選手たちの身体にどのような意味を生じさせ、また選手たち自身がその「モノ」との接触の中でどのような主体性を構築するのかを検討する。

選手たちの語りは、モノがいかに「常にすでに言説的に生産され」（Jackson & Mazzei, 2012, p. 111）、モノとの関わりの瞬間が選手たちが女らしさの規範の内外に位置付けられるある種の「境界イベント（boundary event）」(Minh-ha, 2011, p. 60）として経験されるのかを見せてくれる。

シスジェンダーの選手もシスジェンダーでない選手も、モノとの関係性について、それぞれ示唆に富んだ経験を語ってくれたが、本節では議論を整理するためにシスジェンダーの選手の語りが中心となる。非シスジェンダーの選手については、次章でまとめて議論する。

これまでに見てきたとおり、レスラーたちはより強い選手になるために筋肉量を増やすことに躊躇していない。筋肉をつけたくないために女子が中学や高校でスポーツをやめるケースがしばしばあるが、エリートレベルで闘う協力者たちは、時には自身の筋肉質な身体にアンビバレントな思いを抱えつつも、厳しいトレーニングに身を投じてきた選手たちだ。そんな彼女らにとって、服やアクセサリーは、ジェンダー規範の「境界イベント」として、自身の身体のサイズや形がジェンダー規範の外側にあるという認識を蓄積する現場として経験されている。その「境界イベント」は、競技者としての成功を支える筋肉が不便、厄介、あるは邪魔なものとして認識され、あるいはこうありたいと願う自己像との乖離を認識する失望体験として蓄積されている。

鍛えられた身体とジェンダー規範との関係性についてどのように認識しているかという質問に対して、ソウは次のように答えている。

ソウ：やっぱり服が入らないとき。邪魔だなって思う……。レスリングしてるときは全然気にならないんですけど、服は「はぁー、やっぱり入らない」みたいな。

ソウは、自分の身体に合った服や靴、アクセサリーを見つけることにいつも苦労するのだという。そして「スーツすらないんですよ！」と、流行りの服よりも身体に密着しないはずだと期待されているフォーマルな服にすら失望させられてきたと語った。その中で、ネックレスについてのあるエピソードを、笑いを交えて披露してくれた。ソウと彼女のチームメイトたちの国際大会での功績を讃えるため、ある会社が選手たちにギフトとしてネックレスを送ったときの出来事である。それをつけようとした瞬間、ソウは自分の首が「太すぎる」と気づいた。

ソウ：ネックレスみたいの、そのプレゼントみたいので、レスリング部の子何人かもらってたんですよ。みんなつけられるんですよ。〔首からネックレスが下がる様子をジェスチャーで示す〕。自分だけつけられなくて！　ピーン！　みたいな！（笑）
ハナ：絞まる絞まる！　みたいな（笑）
ソウ：首だけ苦しいよ、みたいな（笑）。〔チェーンが〕細いからね、ギリギリギリと。そのときに、自分は首が太いんだって思いました。そこまで考えたことなかったんですけど、実際につけれないものを現実に見ると、あー！　みたいな。

他のレスラーたちも、他の「普通」の女性と比較したときの自身の首の太さに言及している。しかし、ソウの場合は、そのレスラーたちの中でも特に首が太いということをこの出来事を通じて発見している。自分に合うサイズのものをいろいろ試しながら一人で買い物するとき以上に、全員に同じネックレスが渡されたことでその差が明確に認識されたのだろう。「あー！」という驚きとも落胆とも取れる発話は、首が「締まる」という不快な感じられ方（felt-sense）が自己身体と「一般女性」の身体性、そして他のレスラーの身体との関係性についての認知（「自分は首が太いんだ」）に至る瞬間を表現したといえる。

選手たちの発言が示すとおり、自己身体の大きさや空間性は、それを常に監視し、使いこなすことが必要なアスリートたちでも、「それだけ」で明確に認識できるわけではない。身体が重い、軽い、痛い、しんどいといった身体そのものから知覚される身体状況がある一方で、微妙な体重差や身長、太さといったもの、それが社会で何を意味するのかは、他の身体との比較、計測器に示される数字などに対して社会が与える意味、たとえば銭湯での「いい身体してるね」という評価や、スポーツ種目や出場階級に適した体脂肪率や筋力、柔軟性、体重の監視・管理といったこと、さらにはある特定の身体性を期待して作られた構造物との関係性における感覚（太い、細い、狭い、広い、高い、低い、柔らかい、硬いなど）を通じて認識される。

ゲイル・サラモンは、社会構築主義理論のアプローチを採用しながら身体の歴史性と感じられ方の緊張関係（tension）を注意深く考察することで、身体的存在に関する理解を深めることができると述べている。

> 社会構築主義が提示しているのは、身体の感じられ方（フェルト・センス）がその歴史的、文化的なヴァリエーションにもとづいて、その切迫さと直接性とともに、どのように生じるのか、その仕方を理解する方法であり、最終的には、その感じられ方（フェルト・センス）によってもたらされるものとは何なのかを探求する方法なのである。身体の歴史性とその感じられ方の直接性とのあいだのこの緊張は身体的存在の正確な場であり、この緊張を捉えることはトランスジェンダー・スタディーズと同様に社会構築理論の課題である。
>
> （サラモン、二〇一九、一二三頁）

「身体の歴史性とその感じられ方の直接性とのあいだのこの緊張」の「場」というサラモンによって提示された課題について、シスジェンダーである女子選手の身体に関する経験と認識から考察すると、「あ！」という瞬間は、ソウが蓄積してきた女性としての歴史とそのあり方の認識が揺さぶられ、シフトする瞬間（自分の首は普通よりも太い）であると同時に、女性身体の境界の社会構築性が「苦しい」という感覚とともにネックレスの鎖の端同士が結びつかないという物質的イベントにより明らかにされる。

しかし同時に、ネックレスをつけることができない、あるいは他の選手たちが語るように、フィットしない、あるいはしないと認識される特定のアクセサリーや服の着用を妨げられる、あるいは自身で避けることで、選手たちはジェンダー規範との関係性において、「異常」としてではなく、選手という「例外」として、いずれにしても逸脱した存在として位置付けられる。

これらの経験が「モノ」の不備ではなく、自身の「逸脱」として認識されている様子は、選手らが一様に笑いと苛立ちを交えながら関連したエピソードを語っていることからも示される。インタビューの次の部分では、問題なのは自分の身体を想定していない服やアクセサリーではなく、そこにフィットしない自分であるという選手たちの認識と、その逸脱を目撃する店員という存在への忌避感と、そして服を購入することへの諦めとして語られている。

レイ：そうですね、服は感じますね。もう店員さんが来るだけでもういいやってなります。
筆者：「来ないで」って思う？
レイ：はい（笑）
筆者：やっぱり店員さんとのやり取りが？

レイ：うーん。
筆者：勧められるから？
レイ：勧められるし、いや試着しても無理だしっていう感じですね。
筆者：試しに着てみてくださいって言うもんね。
レイ：うん。
筆者：放っといて！
レイ：放っといて（笑）、あなたわかってないでしょ、みたいな（笑）

ユキは、店員が服を選び出そうとするとき、それを一切信用しないという。それは、店員がユキの身体のサイズを「わかってない」だけでなく、「一般」の服のほとんどが自分の身体に合わないと知っているからだ。

ユキ：肩幅とかが。あと太ももとかが。服が入らないんですよ。市販されてる、一般に売られてる（笑）
筆者：あ、肩ってやっぱりここ〔腕のつけ根を指して〕？
ユキ：はい。ここと、あと太ももとか、あとふくらはぎ？とかが。あと膝上とかがあれで。だから、あと首？
筆者：首？
ユキ：けっこうタートルネックとかここ〔首回りを指して〕キツいんですよ（笑）。だからタートルネックとか絶対着ないんですけど。
筆者：あ、絞まるんだ、こうやって。

ユキ：（笑）苦しくて。

筆者：レイさんも言ってたんだけど、筋肉ってさ、しっかりついてたら締まってるから、外見わからないじゃない。どれだけ太さがあるかって。

ユキ：はい。

筆者：だからなんか、販売員の人がやってきて、これ大丈夫ですよって言うんだけど、わかってないんだ、って。

ユキ：そうそう！　わかってない！（笑）なんか、あ、これ、たぶんこっちいけますよ、とか絶対信用しないです（笑）。自分で絶対選んで、試着室行くときは、これでいけそうかなっていうのを、二つ三つ、サイズ持ってって。

他のレスラーたちも、身につけるモノと身体の関係について、いろいろなエピソードを語ってくれた。たとえばソラは、襟付きのシャツが好きだが、首と腕が入らないために着ることができない。ヨウは、練習などで突き指を繰り返してきたため指の節が太くなり、指輪をするときはかなり大きなサイズのものをはめなくてはならなくなった。アズキは、両耳に耳介血腫（俗にいう餃子耳）を患っているため、耳の中に入れるタイプのイヤホンを使うことができない。これは、格闘技やラグビーなど耳に激しい打撲や摩擦を受ける競技の選手に多く、治療には注射や切開によって中に溜まった血液を抜く必要がある。特に初期には強い痛みが生じる深刻な怪我である。イヤホンが使用できないのは、この怪我を患う男子選手も同様である。しかし、この怪我は男子選手にとっては男らしさのシンボルと見られることがある（見た目を気にする者もいる）一方で、女子選手には美を損なうものとして認識されている。

筋肉質で強い首や手足、太い指、幅広の肩といった男性性と結びつけて語られる身体の特徴は、一定程度は先天的なものであっても、選手としての生活の中で意図的に、あるいは怪我の結果として生み出されていく文化的な身体性でもある。そして文化の結果生み出された身体性への意味付けもまたジェンダー化されているがゆえに、同じようにスポーツでトレーニングに励んできた結果としての身体に対して、選手本人のジェンダーやジェンダー・アイディンティティのあり方などによって異なる意味が付与され、また異なる自己身体への認識を生み出す。

これは服やアクセサリーのサイズ問題だけに限定されない。ナツとレイは、「可愛い」服を着たいと思いながらも、そのような服を着たとき、あるいは着る前から、そのような「可愛い」デザインの服は細いフェミニンな女の子のためのもの、つまり自分が着るべきではないものと感じている。ナツは気落ちしたような声で、次のように述べた。

　ナツ：雑誌とかで、ダボダボの服とか、あ、これ可愛いって思ってそのイメージのものがあって、あ、可愛いって思って着てみるとやっぱり違う、みたいな。やっぱり細くないと、可愛くないんすよね。

ダボダボ感が可愛らしさの要素と見なされている服を着たときに、その服を着ることができたとしても、その服と身体の大きさの差から生まれるダボダボ感が十分に出ない、だから可愛くない、とナツは考えている。

同じような理由から、レイは「可愛い」デザインの服を最初から避けているという。レイは、服のフィット感や自分の好みよりも、その服に与えられているイメージに自分が合致しないことから、「自分はよくても……うん、ちょっと周りから見たらダメだろ」と判断している。

レイ：なんか、そう、フェミニンなのっていうか、これは自分は着ちゃダメだろみたいなのはありますね（笑）。なんかフリフリした感じとか。それはなんか自分はよくても……うん、ちょっと周りから見たらダメだろ、みたいな（笑）。「おまえ着んなよ」とか思われるんだろうなぁとか（笑）

筆者：そう？　なんかイメージが合わないってこと？

レイ：そうですね、もうなんかこう、ほんとに、華奢な子が着たらすごい似合うけど、なんかそういう服けっこう多いから。

筆者：なるほどね。でも着たいと思う？

レイ：着たいなっていう願望はあります。いつか着たいなっていう（笑）

このレイの語りは、統治権力の作用としての物質化の過程を描き出している。可愛い服、あるいはそれを着用した存在として想起される女の子らしい、あるいは可愛らしい服を、サッカーやレスリングのトップ選手たちが着ないことが多いのは、選手としての献身（おしゃれに気を使わない）による「自然」な帰結ではない。それは献身的な選手は「女になるべきでない」という言説を選手が内面化することや、「女の子らしい」モノを身につけることから物質的にも「イメージ」的にも疎外されていること、あるいは単にそのようなモノに興味がなかったりすることなどの複合的な結果である。だが、ユキが「たとえばこういうのとかです」と笑いながら筆者にピンクのネイルアートを見せてくれたように、その言説の物質化の過程は絶対でも不変でもなく、カラフルな抵抗の可能性に開かれている。

調査協力者たちは、日々の生活の中でジェンダー化されたモノとジェンダー規範、そしてスポーツで変化した自身の身体との複雑な関係性を、時には面倒なもの、時には苛立たしいものと感じているが、それでも彼女らは厳しいトレーニングに耐えながら選手生活を続ける。彼女らは、社会が考える「女性」の身体は小さく、筋肉が少なく、可愛らしい服が似合う、重いものを持ち上げられない（持ち上げようとしない）身体だと語り、いつか可愛い服が着てみたいという望みを持つ選手もいた。しかし、彼女らの誰もトレーニングをやめて、可愛い服が似合うと想像されている細い身体を手に入れようとせず、レスリング選手としてのキャリアを否定的に見ることもない。日々の服やアクセサリーをめぐるトラブルを笑い飛ばし、お互いの強く「ごっつい」身体を親しみと尊敬を込めていじり合う様子からは、世界でもトップクラスの選手としての自負と誇りが感じられた。

シスジェンダーの選手たちの経験は、身体の行為遂行的なジェンダー構築に興味深い洞察を与えてくれる。社会からの「女らしくあれ」という要求と、スポーツ界からの「女になるな、どこまでも強くあれ」という矛盾した要求の間を生きる選手たちのあり方は、女らしい身体を生み出すジェンダー・イデオロギーの規律権力の作用とその失敗、そして規律権力としての競技スポーツを可視化する。筋肉の発達した彼女らの強い身体は、体育会系女子言説を通じて理解・承認可能になる。体育会系女子の言説は、女子選手たちをジェンダー規範へと回収・回復することで理解可能性を担保する言説であると同時に、規範的女性身体の再生産の失敗を示すものでもある。また、回収・回復の言説戦略は、「黒シャツの袖をたくし上げ、背筋を伸ばし、一切の媚を排したぶっきらぼうな敬語で」話す、「強い男しか愛せない」元サッカー選手のバーテンダーや、メディアに繰り返し登場する筋肉質で、髪が短く、異性に関心がないように見える「女性」たちを、シスジェンダーの異性愛者である「体育会系女子」として構築する。そのような規範的なジェンダー言説とアスリートとして生活の折衝を通じて、選手たちは化粧っ気がなく短髪で、「可愛らしい」服を着ない（着ることができない）、筋肉質で力強い「体育会系女子」として身体化されていく。これは今日の日本スポーツ界という特殊な歴史文化的コンテクストに現れる行為遂行的なジェンダーの一側面である。だが、その身体性と女子アスリートとしてジェンダー化された主体性の構成プロセスは複雑で、一人ひとり異なる道のりである。そしてそこで構成される主体性、あるいはその身体を生きる自分自身への意味付けは、その道のりと同じく個々にユニークで多様である。彼女たちの語りは、メディアの規範的な「体育会系女子」言説に回収されることを拒み、「女」とスポーツ、強くたくましい身体との異なる関係性の可能性を見せてくれる。

第六章　シスジェンダー主義、トランス嫌悪、規範的トランス言説との折衝

1　マイノリティ主体をどう語るか

> セクシュアリティとはその初めから高度に拘束的であるがために固定的なものと考えられるのだろうか。セクシュアリティとはその初めからあまりに拘束されているがためにアイデンティティのレベルである種の本質主義になってはいないだろうか。問われているのは、「選択」や「自由行動」といった考え方が異質なだけでなく、思いもよらない、時には残酷に見えるとき、このより深い、そしておそらく回復不可能な、作り出され拘束されている感覚を記述する方法なのだ。
>
> ——ジュディス・バトラー（Butler, 2011, p. 58　筆者訳）

右記のバトラーの一節は、アイデンティティ・ポリティクスにおける規範化の魅惑への警鐘と読むことができるだろう。ある存在が徹底的に否定されるとき、その存在と正当性を主張するにはある種の不可変性や不可避性が効果を発揮する場合がある。ジェンダー・アイデンティティやセクシュアリティについて、"It's my life style"ではなく、"I was born this way"という言説が、あるいは病理化された言説が、特に差別の強い場所や時代において当事者から強く支持されることがあるのはその一例といえる。マジョリティによってマイノリティ存在の正当性を否定されない、させないために、社会にすでに存在する規範言説資源を用いて語ることが戦術となるのは驚くべきことではない。実際に、たとえば特定の性自認のあり方を病理化する性同一性障害の言説は、性違和を経験する人々に対するスティグマを取り除くには不十分であっても、日本国内の合法的な性別適合手術や戸籍の性別変更への道を開き、そういった人々の存在を社会にある程度認知させるという一定の「成功」を修めてきた。[*1] そのような言説ポリティクスを理解した上で、バトラーやムニョースは、アイデンティティを、安定感、安心感をもたらしつつ異質なものを排除する規範的言説から解放し、流動性、ハイブリッド性、不安定性、開放性に開くクィアの可能性を書き続けた。本章では、マイノリティ主体がまさに生きることができる（livable）主体性を構築する上で余儀なくされる折衝について、非シスジェンダーのハルとカイの語りを通して見ていく。

記述と分析の都合上、「非シスジェンダー」と二人を一括りにしているが、カイがトランスセクシュアルの男性というカテゴリーで自身を説明したのに対し、ハルは、特定のジェンダー・カテゴリーで自身を語っていないことに留意したい。また、二人の経験を同一視しているわけではなく、二人が「女らしさ」の規範や性差別、トランス嫌悪、規範的トランス言説を同じように経験しているわけでもない。だが、シスジェンダー女性たちとは異なる立ち位置から経験する二人の語りを取り出すことで、差別的、規範的言説の輪郭と作用、言説同士の関係性をより明確に描き出すことができる。さらに、ハルとカイの性自認についての異なる語りと経験を並記することで、病理化され、規範化されたＧＩＤ言説が見せる権力／知の効果を捉えることを試みる。

2　同一化、脱同一化、規範的トランス言説への抵抗

自分の性自認について話すとき、ハルとカイはともに「ＧＩＤ」という言葉を使ったが、カイのほうがＧＩＤへの同一化が明確であった。それはおそらくカイがすでに性同一性障害（ＧＩＤ）の診断を受け、インタビューの五年前からホルモン療法を受けていることにも影響されているだろう。カイは、戸籍上の性別変更を行うため、インタビューの一カ月後にタイで性別適合手術を受ける準備をしていた。トランスセクシュアル（ＧＩＤという言葉も使っている）としてのカイの語りは、ハルの語りよりもずっと「スムーズ」で、それは男性的な性自認の記憶を語るときも同様であった。カイ自身が指摘しているように、このスムーズさの一因は、ＧＩＤのカウンセリングや診断、カミングアウトで自分史についての語りが繰り返し求められることにある。カイは、自分の性自認のあり方について他者に語ったのはこのインタビューが初めてではなく、すでに豊富な経験を持っていた。

その一方で、ハルの性自認についての語りは、ところどころ分断され、躊躇し、簡単な理解を拒むものだった。ハルは、自分がＧＩＤではないかと考えているが、その診断もカウンセリングも受けていない。またハルは自分の性自認を「一貫性」のあるものとして提示せず、また身分証明書に「女」が刻まれたままで生きていく可能性を閉ざしてはいなかった。ハルとカイがＧＩＤの診断に求められるような「規範的トランス言説」を言説資源として、どのように自身の語りの中に取り入れたり、抵抗したりするのかを慎重に考察すると、規範的な言説が主体を構築し、認識可能な存在へとならしめる一方で、そのアイデンティティの不安定さやズレが生じることに気づく。

権力／知――トランスセクシュアリティの行為遂行性と理解可能な主体の構築

ハルとカイはともにサッカー選手である（お互いのことは知らない）。そして興味深いことに、二人ともチームメイトを通じてＧＩＤという言葉に出会っている。ＧＩＤという概念を知る以前は、二人は自分が何者であるのかを理解するのに苦労している。ＧＩＤ言説を通じて社会にその存在を認知する枠組みが提供される前は、二人にとって同一化できる、あるいは生きることができるカテゴリーが存在せず、彼らは自身にとっても認識不可能な、そして社会においては自身が同一化できないカテゴリーの中で存在せざるを得なかった。

筆者：性自認みたいなものはわりと早い段階で認識していた？

カイ：そうですね、小学校のときから。名前とか、スカートはくのとか、ランドセルの色とか嫌で。

筆者：どのぐらいのときから？　記憶してる限りでは。

カイ：それは、どうかな……もう小学校で最初ランドセル買ってもらったときとかで、赤が嫌だったんで。あと、もう保育園のときからスカート嫌だったんで。

筆者：そっか、よう覚えてるなぁ。

カイ：けっこう前から。そうですね……。なんていうんですかね、こっちの話と全然関係ないんですけど、その、ＧＩＤのカウンセリングとか通ってて、一応自分史みたいの作るんですよ。それで、いつからそういうふうだっていうのを、掘り起こしてこうやってから、一応自分の中でも考えてたから、これくらいかな、みたいな、のは一応あるんです。本当にたしかかどうかは覚えてないんですけど。

筆者：うーん、微妙、難しいよね。

カイ：なんかそうですね。
筆者：小さな出来事は残ってても、それが具体的にどうつながるのかっていうのは。
カイ：そこで、性自認があるかどうかはわからないです。完全に思ったのは中学校ぐらいのときですね。
筆者：確信したっていうかね。
カイ：確信した。
筆者：そういう言葉、ＧＩＤなり、日本語だったら性同一性障害っていうけど、は、いつごろ知った？
カイ：知ったのは大学んときです。
筆者：あー、じゃあけっこう後になってからだね。
カイ：けっこう後ですね。はい。
筆者：じゃあ、そういう言葉を知らないうちは、自分の中でどういうふうに理解してた？
カイ：そのときは、自分が何者かわかんなくて、自分はずっとこうなんか、女の子と付き合うと、レズ〔ビアン〕って言われるじゃないですか？　でもそこじゃないんだ、みたいな。それはなんか違うけど、自分の位置付けはどこなんだろうなってずっと思ってて、大学入る前くらいかな、ちょうど高三の受験ぐらいのときに、高校のサッカー部の先輩で自分みたいな人がいて、その人がそういう話をしてくれて。で、それなら合うかもしれないって思ったのがＧＩＤなんです。

早い段階で性自認のようなものを認識していたか、という問いに対して、カイは、幼稚園か小学校に上がるころには認識していたと答えている。しかし、カイは、赤いランドセルやスカートといった日本社会で「女の子」とコード化されているモノに対する忌避感が男としての性自認を持っていることを示すのかについては、「わからない」と断定を避けている。カイが他の女子たちとは異なる性自認を持つことについては、中学生のころを境目により明確に認識されていくが、それでも高校の終わりごろにＧＩＤという言葉を知るまでは、自分が何者なのかはわからなかった。女として女に惹かれると典型的に説明されるレズビアンではないが、では自分は何者なのか。違和感がそこにありながら、それをカテゴリーとして立ち上げる言葉がない。カイにとって自身が「女」ではなく「男」に同一化し、女性に性的に惹かれるという自分のありようを最もよく表していたのがＧＩＤであったが、幼少期のモノとの関係性から性自認を特定しようとするＧＩＤの診断プロセスについてはいくらか懐疑的である。

後に自分のアイデンティティとして同一化することになる「ＧＩＤ」は、それと出会った瞬間に「自分は間違いなくこれである」という真実として認識されたというよりも、「それなら合うかもしれない」という可能性として認識されている。この語りは、性自認が身体の状態から自明的に直接的につながるというよりは、感じられ方に名前をつけていくプロセス、つまり、社会に密接に結びつきながら立ち上がってくるものである可能性を示唆する。

トランスセクシュアルというあり方を障害として定義したＧＩＤの言説は、カイのジェンダーのあり方を「障害」として社会の周縁に追いやるものではある。しかし、「トランス」というあり方をおおむね「エンターテイメント」、「笑いのネタ」、あるいは嫌悪されるべき変態と見なしてきた日本社会において、ＧＩＤというカテゴリーはカイのジェンダーのあり方を、彼本人にも他者にも理解できる存在として社会に存在させるために必要だったのである。カイにとってＧＩＤは、レズビアンやオナベといった他のクィア・カテゴリーや、ただの「男っぽい女子選手」（異性愛としてコード化された）よりも自己存在と折り合いをつけながら社会で生きていくことを可能にするものだった。

さらに、そのように「理解可能」な社会存在となったことで、カイは家族や社会と医学的、法的な性別適合プロセスを前に進める足掛かりをつかんだ。カイは、医学的な性別適合プロセスを開始する上で、彼の男としての性自認についての議論の余地のない証拠として、彼の「真実」として、ＧＩＤの診断を周囲に提示することができた。カイの母は、彼が最初にカミングアウトしたときには、彼の性自認の正当性を疑っている。正統性の問題よりも、カイの告白を受け入れられず拒否しただけと解釈することもできるが、いずれにしてもカイの告白への母の抵抗は、ＧＩＤの診断書の提示によって変化する。

カイ：最初は、ちょうど自分の友達で、さっき言ったサッカー部の三人のうちの一人がもう最初から治療して、そういう友達がいるんだよって話をして、自分のことを気づけみたいな感じで（笑）。そういう話を言ってたけど、気づかないからカミングアウトして、そしたら「あの子がいるからあの子の影響を受けてるんじゃないの？」みたいな。っていう話になって。でも自分はカウンセリングも受けて診断書も持っていったんで。で、もうこんな結果も出てるんだよみたいな、そういう感じで。取りあえずちょっと、認めるのに時間がかかるから時間をくれって言われて。あなたがそうなのはわかったし、そうやって生きていくのはいいから、みたいな。

友人の影響ではないのかと問う母に対し、診断書は、他者がカイの性自認について議論する、時に暴力的な隙間を医学の権威によって埋めた。カイのカミングアウトの経験は、「トランス＝ＧＩＤ」というカテゴリーの行為遂行性とその立ち上がりにおける権力／知の循環を示している。カイの「トランス＝ＧＩＤ」アイデンティティは、彼がＧＩＤ言説を繰り返し引用し生きることで、自他ともに認識できる存在として立ち現れる。そしてその認識は医学権威によって真実として認定（診断）され、その「証明書」はホルモン療法や手術へのアクセスを開き、性別適合手術後にトランス男性としてのカイの身体と社会との関係性を変化させていく。

ハルの経験は、カイのものとは大きく異なるが、ハルの経験もまたトランス＝ＧＩＤという主体の立ち上げにおける権力／知の作用についての重要な示唆を与えてくれる。カイとは異なり、ハルはＧＩＤの診断を受けていないため、自己の「真実」としてのＧＩＤはあくまで可能性に留められている。

ハル：自分、このインタビュー受けたんは、あのジェンダーとかそういうの、を、性認識？とか書いてあって、自分もそういうのでけっこう悩んでて。性同一性障害、かな？　みたいな。でもたぶんそう、みたいな。まだそんな詳しくはやってないんすけど。自分も、好きやなって思う人は女性ですし。そういうの、含めて、このインタビューが、すごい、興味があって、受けた感じなんで。

筆者：じゃあ今は性自認についてはわからないけど、迷ってる、自分でもちょっととこう、何かなって？

ハル：そうですね。そ、ま、あんまり気にしてないっていうか。そこまで。

筆者：んー、なるほど。

ハル：はい、そこに囚われずにちょっと今は……考えてないですね、それについてはあんまり深くは。将来どうしようとか。

診断がない状態で、ＧＩＤは安定したアイデンティティの拠り所、性自認の「真実」を示す枠組みとはなっていない。その代わり、ハルの主体性は、一連の否定によって構成されている――女ではない。男でもない。レズビアンでもないが、トランス＝ＧＩＤかはわからない。つまり、ハルのジェンダーは理解・認識の外側に棄却(abject) されているのである。

最初のインタビューで、ハルは性自認について考えすぎないようにしていること、そして自身のジェンダーのあり方について家族と学校とは比較的うまく話し合いができていることを中心に語ってくれた。二回目のインタビュー時に、診断書なしで家族や学校と交渉し、自分独自のジェンダーの生き方を築き上げてきたハルの勇気と創造力に筆者が感嘆していることを伝えた。するとハルは、カイと同様に、日本社会が提示する非常に限られたジェンダー枠組みの中に自分を位置付けるプロセスの苦しみと悩みについて語り始めた。

ハル：いや、そんな言ってますけど考えますよ、めちゃめちゃ。めちゃくちゃ深く考えて、もう迷宮入りしちゃうんで。迷宮入りして、辿り着いたんが、そこなんですよね、もう……。完璧に、悩み始めたんが高校二年生？……中学校は、思ってたけど隠してたんです。で、周りに合わせようと必死で。っていう、時期ですね。高校……一年生のころもそうだし。もうなんか、思ってたけど、なんか違うなって思ってたけど、そんなこと周りに言えないし、あとは、それを隠し、自分を変えるのに必死で、で高校二年生になって、「あ、変えなくてもいいんだ」って、そんときに付き合ってた彼女、がいて、で、その彼女と付き合うときは、自分はそうなんやっていうふうにわかってなかったんですけど、その子が、こうなんか言ってきてくれて、なんか付き合おうかみたいになって、完全に関係的には自分は女っぽくは一切しないし、こんな感じで男っぽく、そこで、あぁそうなんやって気づいたぐらい。

バトラーは、*Undoing Gender*（2004）において、社会から承認されること、認められることは、人として生きるための必須条件だと主張する。既存の言説によってすでに条件付けられた「呼びかけ＝尋問（interpellation）」を通じて、人は認識可能な主体となる。「私たちを認識するための認識基準がなければ、自身の存在を主張し続けることができず、私たちは可能な存在ではない。私たちはその可能性から前もって締め出されている」（ibid., p.31　筆者訳）のだと。この議論をハルの語りに当てはめてみよう。ハルは、これまでの人生の中で様々に名付けられ、呼びかけられてきた。時には女の子として、レズビアンとして、サッカー選手として。そのようなとき、呼びかけ＝尋問に対して、「それは自分ではない」と拒否しようとする。しかし、その代わりに提示する「自分は〇〇である」と相手が受け取り認識できる既存の枠組み、名前が存在しない。自分の内なる感じられ方と共鳴するジェンダーの既存枠組みが存在しないゆえに、ハルは自身のジェンダーについて、枠組み自体を拒否することで自己存在を見出そうとする。しかし、GIDは診断名であるがゆえに拠り所にはできず、ハルのジェンダーのあり方は社会から承認を得る、あるいは認識されることができない。それでもハルはカテゴリーを拒否しつつ、あるいはアンビバレントな距離を保ちつつ、流動的で、既存枠組みにおいては矛盾しているように見えても、言説資源を引用しながら、自己を語り出そうとしている。

ジェンダーの観点から見て同一化できる有名人についての語りにも、ハルとカイの規範的トランス言説に対する関係性の違いが現れている。カイは、特に二〇〇〇年ごろから顕著になった主要メディアにおけるGID、あるいはトランスセクシュアルの言説が、「トランス」主体に対する社会の承認・認識に大きな影響を与えたという見立てに合意した。たとえば『3年B組金八先生』の上戸彩演じる鶴本直の登場は、それまで一部の医療関係者と当事者コミュニティに知られているだけだった性同一性障害という言葉を社会に広く知らしめることになった。多くの「オネエ」タレントの登場も、これまで主要メディアで必ずしも境目が明確ではなかった「ジェンダー表現」と「性自認」、「性的指向」の問題が、社会で広く語られることになる土壌の一部を形成していったともいえるだろう。インタビューの中で、カイは彼の友達が彼の性自認について、こういったテレビに登場するタレントや登場人物を通して理解しようとしたと語る。

筆者：性同一性障害とかトランスのことについては、あの『金八先生』がやっぱり大きいっていうの聞いて。
カイ：あぁ！
筆者：やっぱり大きかったと思う？
カイ：そうですね、たしかに、あれ見たときは、もう、なんか最初……見てました？
筆者：後で見た。
カイ：シャワーのシーンがあって、上戸彩が。で、なんか最初はロンスカをはいてくるから、足に傷があるって話してて、たしか。でもシャワーしてたらどこにも傷がなくて、で、ちょうどうちは家族で見てて、自分はすぐわかったんですよ。あ、たぶんそういうことだみたいな。わかって、一緒に見るのが気まずくなるくらい（笑）。でもみんな言いますね、あれ、あの子と一緒なんでしょみたいな。その、上戸彩の話しますね。カミングアウトすると。
筆者：あれによって日本全体の認識がだいぶ変わった感じがする？
カイ：しますけど、一番変わったのはやっぱりカルーセル麻紀とか、はるな愛じゃないかなと思うんすよ。大体みんなあれの逆だよーって話すると、「あ、そういうことね」みたいな。

カルーセル麻紀もはるな愛も現在は「トランスジェンダー」のテレビタレントとして知られているが、ニューハーフやオネエと認識されていた時代もある。性同一性障害という言葉とあり方が日本社会で認知されるようになる前は、様々なカテゴリーで呼ばれてきたテレビタレントや登場人物を通じて、カイは自分について語っていた。しかし、これらの人物のジェンダーカテゴリーは、カイが自分で認識しているものとぴったり合うわけではなかった。ニューハーフやオネエはエンターテイメント界の呼称というニュアンスが強く、またオネエはフェミニンなゲイ男性を指して使われてきた歴史もある。二〇〇〇年代の日本は、LGBTという言葉もほとんど知られていない、まだ性的指向と性自認が存在論的な曖昧さを残していた社会から、より輪郭が明確な性同一性障害／GIDが広く認識され始めた社会へと大きくシフトした。そのシフトが起こる少し前の時代に思春期を駆け抜けたカイは、ぴったりと合わなくても、十分に近い存在として、たとえば「はるな愛」を引用しながら他者からの承認・認識を折衝してきた。

カイより若干年齢が若いハルは、性同一性障害という言葉が社会でかなり認知されるようになり、いわゆる「オネエ」タレントがテレビに登場する時代に思春期を迎えている。しかし、ハルは性同一性障害やオネエをすぐに自分の説明枠組みとして採用しなかった。

ハル：性同一性障害も知ってて、言葉、的には。言葉的には知ってたんですけど、まさか自分に当てはめることがくるっていうのが、なかったっていうか。自分に当てはめることが、なかって、そこで、照らし合わせたっていうか。その、高校のときに。

筆者：なるほどね。そういう言葉ってテレビでけっこう聞く？

ハル：いや、テレビでは聞かなかったです、自分は。

ハル：テレビ、ではそんときは聞かなかったです。はるな愛とかも出てくる、前やと思うんですけど、たぶん自分はそんとき知ってたから。でも男から女になる人見てても、自分と一緒やなっていうのは感じなくて。だからかもしれないですけど。

筆者：あ、そう？

ハルが自分のジェンダーのあり方が他の女子たちと異なっていると感じるようになったのは、小学校五、六年のころだったという。それは恋愛対象として男の子に興味が持てなかったり、女の子らしい服が嫌いだったりした経験を通じてだった。テレビに「男から女になる人」が登場することも、性同一性障害も言葉としては知っていたけれど、それらの知識や名前を自分に当てはめて考えるようになったのは、ずっと後だった。

このように、ハルの「名付け」のプロセスは、安定して一貫した説明を拒否することで、規範的なトランス＝ＧＩＤアイデンティティと言説を揺さぶる一方で、ハルのジェンダーを社会的承認・認識から遠ざける。シスジェンダー主義と異性愛主義、規範的なトランスの承認枠組みの間に開いた言説と承認のクレバスに落ち込んだハルのジェンダーは、自分にも他者にも同定されないままだ。だが、ハルの主体位置はシニフィアン（記号表現）の隙間を漂い、「これでもなく、あれでもない」から立ち上がる主体性は、生きられるジェンダーのあり方をクィアに押し広げようとするものではないだろうか。

カテゴリーとタブー

ハルの「クィア」な主体位置は、ＧＩＤ言説が日本に広がる前のカイの主体位置に重なる。ハルが自分自身を語り出すことに難しさを感じていたように、規範とは異なるジェンダーのあり方を指し示す言葉の不在は、カイの自身の名付けプロセスを困難なものにした。英語のＬＧＢＴというカテゴリーは、ＧＩＤ言説と前後して日本社会の一部で受け入れられ始めていたが、トランスジェンダーという概念そのものは、二〇一二～二〇一三年のインタビュー時には、まだ十分に流通していなかった。また、新しい言葉が社会で流通し始めても、それ以前に近い存在を指すものとしてスティグマを伴って用いられたカテゴリーとの関係がすんなり断ち切られるわけではない。インタビューに答えてくれたシスジェンダーの女子選手たちで、ＬＧＢＴに対してマイナスなイメージを持っていないと言っていた人であっても、レズビアンやゲイ、トランスジェンダー、あるいは性同一性障害という言葉を、まさにそれらについて話をしているときですら使用することを避けていた。彼女らは、レズビアンやトランスジェンダーについて「そういう人」や「そっちの方」という表現で語り、これらの言葉がまだ日本社会で強いタブー性を持っていることを示していた。朴（二〇〇七）は、在日アイデンティティの不可視化について語られる小説の分析を通じ、他者のアイデンティティ・カテゴリーに触れないという行為は、カテゴリーそのものが劣性なものであり、タブーであると見なされていることを意味すると指摘する。

> それはむろん、〈触れない〉ことが、相手の属性を〈劣性〉とすることだからだ。つまり、触れてもらえないまさにそのことによって、相手は自己の属性を〈劣性〉として確認しなければならないのである。「それ」自体が劣性なのではない。〈触れない〉こと、禁忌とすることこそが「それ」を〈劣性〉とするのである。
>
> （朴、二〇〇七、三六四頁）

「そちらの人」といった表現は、たとえば「ホモ」や「レズ」といった露骨な差別語ではなく、属性について触れていないわけでもないが、その属性が「名前を呼んではいけないもの」と扱われることの効果は、朴が語るとおりである。その一方で、ニューハーフやオネエといった、現在では避けられることの多い言葉については、協力者たちは避けることなく、声を抑えることもなく、カジュアルに使っている印象を受けた。そのカテゴリーが差別される対象であったとしても、メディアで日常的に触れる言葉には抵抗が少ないのかもしれない。このような状況において、自身に与えられたジェンダーに何らかの違和感を抱いてきた人々が、言葉そのものの歴史が浅く、日本語で特定のイメージを喚起しづらい「ＧＩＤ」や、医学権威のお墨付きの「性同一性障害」という言葉を自分のアイデンティティとして引き受けていったことは驚きではない。

周りの女子たちと自分が違っていることにカイが気づいたのは、性同一性障害／ＧＩＤという言葉が日本で広がる前だった。そういった言葉に出会うまで、カイは異性愛者のシスジェンダー女性であるフリをしていたという。それは同性愛やトランス的なあり方が社会でタブーであると感じていたからだ。しかし、なぜかカイの中学や高校の友達は、カイは女の子が好きだという話を度々持ち出してきたという。

筆者：「おまえ女好きだろ」って言ってきた人、自分の何を見てそう言ってるんだと思う？

カイ：どうなんですかね、だって自分も自分の中で一応取り繕ってるんで、好きな芸能人聞かれたら必ず男〔の名前を〕応えるようにしてたりとか、そういう意識はあるんすよ、自分の中で。隠さなきゃみたいな。だから絶対、中学校のときにも言われてるのもあるから、あ、中学校のときはＥＬＴが好きだって言ってて、それもあって持田〔香織〕が好きで、みたいに言われてて（笑）。だからもうなんかかっこいい俳優言っとけばいいよみたいな。言ってるにもかかわらず言われるから、なんですかね、どこ見てるんだろう。自分もそれ考えたことないっすね。なんで言われるんだろうって、ずっと短髪だからと思ってて。女らしくしないとか。私服で会うじゃないですか、学校の友達と。でそんときにやっぱり私服見て、「なんでそんな男っぽい格好するの」とかは言われたことがあって、「いや、ズボンが好きだから」とか。「スカートなんてはいたことない」みたいな。

どんな有名人が好きか、どんな異性がタイプかといったような思春期に聞かれがちな問いに対して、カイは男性的だと感じる自身のアイデンティティや女性に惹かれることを隠し、ジェンダーとセクシュアリティの規範にフィットする、「取り繕う」ための答えを用意していた。これは多くのトランス当事者が語るサバイバル術である（例：虎井、一九九六、杉山、二〇〇六）。男っぽい格好や短髪という自分らしいスタイルを守りつつも、カイは異性愛・シスジェンダーを演じた。そんな努力にもかかわらず、カイの友人たちはなぜかカイが女性に惹かれることを見抜いていた。カイは短髪だからだと思っていたというが、他の選手たちが語るとおり、スポーツする女子が短髪であることは、性的指向を意味するとは限らず、むしろ体育会系女子言説を経由することでその読みはしばしば回避されてる。今回のインタビューでは、カイの友人がどのようにカイを分析していたのかについては明らかにできなかったが、体育会系女子言説がすべての選手を規範化できるわけではないということを示している点は興味深い。

カイの友人が彼の性的指向について問い質すとき、ゲイやレズビアン、オナベといった言葉を使っていないことも注目に値するだろう。これらがスティグマ化された言葉であったので、友人たちはそれを避けた可能性はある。だが同時に、それらの言葉に当てはまらないと感じる何かがカイにはあったのかもしれない。いずれにしても、規範的でない性的指向やジェンダー表現を表す言葉を避けるという行為は、北米でよく観察される露骨な侮蔑表現や暴力という形ではない日本の同性愛嫌悪やトランス嫌悪の現れ方――「不可視化」「タブー化」――の典型ともいえるだろう。もちろん、これは日本において身体的な暴力や暴言によって同性愛嫌悪やトランス嫌悪が表現されないことを意味するものではない。そのようなジェンダー表現やアイデンティティ、性的指向に対する差別の暴力的発露も依然として日本社会に存在している。しかし、カテゴリーを指す言葉そのものが避けられるとき、あるいは存在しないとき、それが規範を逸脱したタブー的存在であることは明確に表現されている。ＧＩＤという言葉に出会うまで、カイは自分が何者であるかわからないときでも、何者であってはいけないのかを十二分に知っていたのである。

3　シスジェンダー中心主義、トランス嫌悪、「男のスポーツ」言説の狭間で

スポーツとの同一化、逆同一化、脱同一化

第三、四章で見てきたとおり、二〇〇〇年代以降、日本社会は徐々に女子サッカーに関心を払うようになった。それ以前は、女子サッカー部そのものが極めて少なく、特に中学校以降、女子がサッカーをできる環境は非常に限られていた。しかし、サッカーそのものはカイとハルの周りにずっとあった。特に『キャプテン翼』とＪリーグという、一九八〇年代と九〇年代のサッカーブームを巻き起こした初期の日本サッカーの二大イベントともいうべき出来事は、それまで少年と成人男性の間で圧倒的な人気を誇っていた野球の地位を脅かすまでになった。

ハルもまた、『キャプテン翼』の影響を受けてサッカーを始めた子どもの一人だった。ハルは弟と一緒に近所の

公園でサッカーをするようになった。ちょうどそのとき、小学六年生だったハルの家のポストに、近所の女子サッカークラブの広告が入っていた。ハルはすぐに親を説得し、サッカー選手としてのキャリアを歩み始めることになる。そのクラブはレクリエーションが主な目的で、特に試合などを意識したものではなかったが、高校でより本格的なチームに加入するまでそのクラブでプレーした。サッカーを始める前、小学校一年生から六年生までハルはトランポリンのチームに入っていた。しかし、成長するに従って、トランポリンのチームが女子選手に求める特定の見た目に違和感を覚えるようになった。

ハル：小学校一年生のとき、髪の毛伸ばさないとダメなんですよ。髪の毛結ばないと、なんかダメって言われて。……まぁ伸ばせって言われてたから伸ばしてて。でも、嫌やなって思い始めたんが、小四か、小五ぐらいかな。

筆者はトランポリン文化の中でジェンダー差がどのように表現されるのかまったく知らなかった。それを伝えると、ハルはトランポリンのユニフォームについて説明してくれた。

筆者：トランポリンって男女のイメージある？　私は全然知らないんだけど。

ハル：ありがちなんですよ、着る服が。男の子は白いしゅっとした、ま、それもレオタードみたいなんですけど、ここまでのん〔足首あたりを指して〕着て、女はレオタードこんなんで。まぁ嫌でしたね、それ着るのは。

ハルは中学生に上がると同時にトランポリンをやめ、週に何日かはクラブチームでサッカーをするかたわら、学校で陸上やバスケットボール、ソフトボールなどいくつかの運動部を試してみた。運動能力に恵まれていたハルは、サッカーとソフトボールで活躍したが、最終的には周囲の勧めもあり、より経験を積んでいたサッカーを選んだ。

母はサッカーをすることに好意的だったが、祖母は代わりにバレーボールをするよう強く勧めたという。ハルが祖母の強い勧めを断った理由の一つは、そのジェンダー化されたイメージだった。

ハル：婆ちゃんがバレー好きで、バレーボールやりなさいってめっちゃ言われてたんですよ。絶対嫌だって言ってて。それは、自分のイメージ、パッてイメージが、女の人のスポーツっていう。女らしくしないといけないスポーツみたいなのがあって。でも、まぁ実際高校とかで見てたら、全然、バレーとか楽しいし、やっとってもよかったかなって思いますけど。

後から振り返って、バレーボールも楽しかったのではないかと考えるハルではあったが、自分の感じるジェンダーとバレーボールのイメージは一致せず、当時祖母の勧めどおりバレーボールに転向する気は一切なかった。

カイもスポーツを選ぶときに、そのジェンダー化されたイメージが重要であったことを覚えている。彼がどのスポーツにするか迷っていたとき、男のスポーツというサッカーのイメージは重要な決め手だった。GIDという言葉に出会う前、カイは自分はこれであるという言葉を持たないながらも「女らしさ」の記号と見なしたものには逆同一化（counter-identify）し、「男の子のもの」を自分に近づけながらジェンダー化された主体性を少しずつ構成していった。サッカーはカイが同一化できる「男の子のもの」の一つだった。サッカーをすることが「男のスポーツ」をしているように感じたのは、周囲にサッカーをやっている女子はいなかったことが大きかった。

しかし、サッカーを通じた自分の居場所作りは早々に壁にぶつかることになった。中学校にはサッカー部がなかったのである。サッカー部を作ろうと試みたが、学校は彼の訴えを認めなかった。そのとき、小学校時代の友人がすべての年齢の女性に開かれた地元の小さな女子サッカーチームを見つけて知らせてくれた。そこに加入することは、男子ばかりの環境でプレーするというこれまでの状況とは異なったものの、サッカーは男のスポーツというイメージ自体に大きな変化はなく、またその他のスポーツにはユニフォーム問題があったこともあり、そのサッカーチームへの加入を決めた。

カイ：ほんとはバスケもやりたくて。でもバスケをやると、なんていうんですっけ、ノースリーブじゃないですか。だから脇を剃らないといけないとか、そういう外観上が嫌で。だからあれはできない、みたいな。ほんとは、サッカーも好きだったんですけど、たまたま好きだった先生がバスケ部の顧問だったんで、バスケ行きたかったんですよ。でも、あのユニフォームは着れないと思って。しかも自分らの時代って、ああいうバスパン（バスケットパンツ）って大きいやつじゃなくて、ミニパン（タイトなショートパンツ）じゃなかったですか？（笑）

筆者：あぁ！

カイ：だからバレーボールもナシだったんですよ。

筆者：バレーボールもそうだったね。

カイ：バレーボールも誘われたんですよ。中学のとき。でもそのユニフォームは着れないと思って。

筆者：ブルマはありえないよね（笑）

カイ：絶対、絶対嫌だと思って。もう大体ブルマが嫌で、いつも忘れ物してって、ジャージで体育やってたんですよ。だから絶対あの、あのユニフォームありえない。

筆者：あ、じゃあ学校ブルマだったの？　中学校とか。

カイ：あ、中学校違うんですけど、小学校のとき。もう嫌でしょうがなくて、あれが。そう、だからユニフォームで選んだのもあります。サッカーってけっこう、パンツとかもでかいじゃないですか。あのころ腰パン系が流行ってたから。体型もわかんないしとか。

筆者：たしかに。

カイ：そうなんです。だからたぶん水泳とかだったらできないから。

サッカーという選択は、タイツやブルマといった身体のラインが出やすいユニフォーム（同じスポーツでも女子に求められることが多い）を求められる他のスポーツを避けた結果とはいえる。だが、最初は男子の中でプレーすることに居場所を見出していたカイが、地元の男子チームではなく、女子だけのサッカーチームに入ることを選んだ。ムニョースが言うようなスポーツを構築するジェンダーイデオロギーの構造に同化することでも、断固として対抗することでもない、第三の、脱同一化とも呼べる関わり方ではないだろうか。シスジェンダー主義によってトランス的存在が不可視化し、スティグマ化され、カイのような存在が理解できないもの、語ることが困難なものになる。だが、自分のジェンダーについて語る言葉を見つけられずにいるときでも、女子の中でプレーする自分にどこか距離を置いてみながらも、サッカーのもつ男らしいイメージと自分の身体を晒しすぎないユニフォームを通じて自分の居場所を作り出していた。

彼のこのサバイバル戦略は、インタビューの中でも垣間見ることができた。インタビューのはじめでは、なぜサッカーを選んだのかを尋ねたとき、カイは「Ｊリーグが好きだったからです」と即答した。しかし、話を聞いていくと、それは他にもいろいろあった理由のうちの一つだったが、他者に対してはその答えしか返してこなかったことがわかった。恋愛などに関する会話でよくあるように、サッカーを始めた理由を聞かれた場合に備えて何か言葉を用意していたかどうかと尋ねると、カイは次のように答えた。

カイ：あぁー。なんでサッカーやるのって言われたらＪリーグ好きだからって言ってたんですけど……とかやっぱりなんだろう、女子の中で部活に入りたくないから、男子サッカー部に入ってて。

カイがサッカーを始めたのは、なでしこジャパンという言葉が生まれるより一〇年ほど前のことだ。Ｊリーグの人気は高く、ジェンダーを問わずファンは存在した。まだ女子サッカー選手が数少なかった時代とはいえ、Ｊリーグの影響でサッカーを始めた女子がいたとしても不思議はない時代だ（それをメディアは常に男性家族の影響に帰せようとしたけれど）。カイが用意していた答えは、自分の性自認に関わる確信的な情報を守りつつ、社会で理解される言葉を選び出した結果だった。

学校の制服や水着の問題点は、これまでトランスジェンダーの学生が経験する困難として度々取り上げられてきた（例：風間他、二〇一一）。また、身体に密着したり、肌を多く晒したりするタイプの制服（スカートなど）や水着の問題は、シスジェンダーの生徒にも当てはまることも明らかになりつつある。だが、ユニフォームが男女で異なることがスポーツを選ぶ障壁となりうることについては、あまり多く語られていない。バスケットボールやバレーボールのように水や空気の抵抗を軽減することがデザインの重要な要素でない競技においても、女子のほうがより身体に密着したユニフォームを着ることが多い。陸上でも学齢期の女子選手がセパレートのユニフォームを着ることが増えたが、男子選手にはそのデザインが用いられないことから、それが走る効率を上げることを目的としているわけではないことがわかる。バトミントンやボクシングのように、競技の性質とは関係なく、選手の強い反対を押し切ってスコートを導入しようとしたスポーツもある。このような女性身体を強調することを目的としたデザインのユニフォームを画一的に使用することが、女子選手だけでなくトランスの選手にとってもそのスポーツを忌避したり、困難な経験を負わせたりする元になりうることはもっと広く議論されるべきだろう。学校は学生の画一化を求める傾向が非常に強いが、部活動であればジャージやユニフォームを学校カラーで統一しつつ、ジェンダーに関係なく複数のデザインを選択できるようにすることは可能なはずである。地域のクラブチームであっても、すべての選手が自分のニーズに合ったユニフォームを選択できるようにすることで、競技の面白さを知る前にユニフォームでスポーツそのものを諦める可能性を減らすことができる。またこうした問題のつながりと広がりは、性差別と性別二元制、トランス嫌悪の基盤をなすシスジェンダー主義の連動性を示すものでもある。

学校ジャージ

スポーツのユニフォーム以外に、学校で着用される服といえば体操服、あるいは学校ジャージがある。ここでは、しばしば「ダサい」というイメージのつきまとう学校ジャージとジェンダーの側面について、ハルとカイの語りを通じて考えてみたい。

学校の制服と異なり、ジャージは多くの学校で男女同じデザインが採用されている。一昔前、体操服は男子が白の短パン、女子はブルマという時代があった。その時代でも、多くの場合、ジャージのデザインにジェンダー差はなかったか、ほとんどなかった。長袖長ズボンで、比較的緩く身体にフィットするジャージは、女子学生にとっては学校で一番身体を晒さずに済む格好だったともいえる。筆者も冬の寒い時期にスカートの下にジャージをはいて堂々と校内を闊歩する同級生たちの様子を覚えている。足や下着が見える心配がないからか、彼女らはいつもより身体を自由に動かしていたように思う。

ハルとカイに、学校という場におけるスポーツ空間は、何らかの開放的な意味を持っていたかと尋ねると、二人とも答えはイエスだった。それはスポーツパフォーマンスを通じて自己表現できる場であっただけでなく、学校内でジャージを着られる時間だったことが大きかったようだ。文部科学省が二〇一五年に「性同一性障害や性的指向・性自認に係る、児童生徒に対するきめ細かな対応等の実施について」[*2]という通達を出して以降、制服や水着など、学校で指定されている衣服について学生のニーズに配慮する学校が増えつつあるが、複数の研究は、まだ多くの学校で配慮していない、あるいは対応経験がないことを示している（例：井出他、二〇一八、本多、二〇一九）。このような昨今の現状を鑑みても、これらの通達が出される以前に学校生活を送った二人が学校での服装について学校側と交渉することはそれほど簡単ではなかったことが想像できる。

ハルよりも年上のカイは、二〇〇〇年代初頭に高校を卒業している。そのころは、学校が学生の性自認を理由に異なる制服の着用を認めるといったケースはほとんど存在しておらず、そのような可能性があることすら考えられなかったという。そのため、カイは学校内でジャージを着ることができる体育の時間などを楽しみにしていたという。

筆者：ジャージが着れる時間というのは貴重だった？

カイ：あ、貴重でしたね！　だから体育が六時間目とかだと、昼から着替えとけるとか、そのままジャージで帰れるとか。あと一時間目が体育なら、朝からずっとジャージでいれるな、とか。そういう楽しみはありましたね。なんか、ジャージでいれるっていうのが。

筆者：じゃあ体育の空間は少しそういう制服とかのしがらみから、抜けられる時間。

カイ：そうですね。

カイとは対照的に、二〇〇〇年代後半に中学校生活を送ったハルは、中学校のときに、女子用制服の代わりにジャージの着用を認めてもらっていた。ただ、ハルはスカートそのものがどうしても嫌だったわけではなかった。むしろ、自身の性別違和を大学や周囲に打ち明けていたハルは、辻褄を合わせるためにスカートの制服を着ないことにしたという。

筆者：スポーツのスペースに来たら気が楽になるとか、そういうような変化はなかった？

ハル：中学校のときはありましたね、でも、はい。セーラー服着てて、自分も。で、別にそれがまぁめちゃくちゃ嫌っていうわけではなかったんですよ。それは、たぶん周りと合わせるためめっていうか、自分だけ浮いてたら……っていうのがあったと思うんで、めちゃくちゃ嫌っていうのはなかったと思うんで。でもまぁ……ジャージ着てるほうが楽っていうか、そのほうが自分らしさ出せるっていうか、のはやっぱあったと思ってて。で、高校の、その、めっちゃ考えた時期に、担任の先生にも言って、生徒指導の先生とかともいろいろ話して、制服で学校行くのやめたんですよ。で、いろいろ条件付きで、ジャージで、通わしてもらえることになってて。

筆者：なるほどね。

ハル：だからまぁ、そう、まぁスカートはくのとかをめちゃくちゃ嫌やなと思ったわけじゃないんですけど、なんか……自分がそう言ってるのに、それ、着てるのが辻褄が合わないなっていうの思ったりして、ちょっと、それは……変えたいですって言って。

このハルの語りは、制服のスカートを耐えがたい苦痛として語る典型的なトランス男性の語りとは異なるものだ。ハルは自分の性別違和だけでなく、それによって周囲が何を期待するかも認識していたのである。これはトランス的存在が固定化され、規範化されるプロセスを示すものといえるだろう。カイの時代とは異なり、「ポスト金八」ともいえる時代に思春期を過ごしたハルの世代にとって、学校が性自認によりマッチした制服を認めるといった配慮がなされること自体はそれほど珍しいことではなくなっていた。しかし、一般的なトランス言説は、GIDという非常に限定的な定義にフィットするもので、ハルが「性別違和」を感じることとスカートをはくことが「矛盾」として捉えられているのである。

また、ハルの交渉は「トランス」カテゴリーの行為遂行性を示すものともいえる。規範的な「トランス＝GID」言説は、かつてのトランスセクシュアル原理主義のように、それ以外のクィアな性自認、ジェンダー表現の可能性をあっという間に閉ざしてしまう。「トランス＝GID」であることは、一貫性をもって男女どちらかの性別を持っていることが期待され、その性別に期待されるジェンダー表現をすることもまた期待されるのである。

カイとハルがともに男子の制服ではなく、学校ジャージに居場所を見つけたのは興味深い。特にカイのように体育の後などにあえて制服に着替えないことで女子の制服をできるだけ避けつつ、周囲に自分の性自認を説明する必要が生じる状況もできるだけ回避する。男子の制服を着るとなれば実質のカミングアウトとなり、そもそも学校が性同一性障害の診断書なしに（あっても）それを認めるとは限らない。ジャージはスカートという「女子」の記号を避けつつ周囲に馴染むことを可能にする服装だといえる。

カイにとっては、学校ジャージは生徒としての生活以上の重要な意味を持っている。インタビュー当時、カイは体育教員としてのキャリアをスタートさせようとしていた。そして体育教員という仕事を選んだ理由の一つが「ジャージ」だったという。

筆者：〔体育の先生になることの〕何が魅力だったの？
カイ：たぶん小学校のときに、憧れてた先生がいて。その人が体育の免許持ってる先生で、部活教えてたりして。かっこいいなって思ってたんで。
筆者：なるほどね。それ男の先生？　女の先生？
カイ：それ女の先生なんですけど。そう、で、いいなって思って。とか体育の先生ってジャージでいれるじゃないですか？　なんか、そのときから考えてたのが、大人になってスカートとかはきたくないと。体育の先生はジャージでいれる。超いいなみたいな。そういう思考もあって。

女性がパンツスーツをはくことは一般的になりつつあるが、ほとんどの女子学生用のリクルートスーツがスカートであるように、また#KuToo運動が近年大きな注目を集めたように、日本の多くの職場で女性にスカートとパンプスの着用が期待されている。その中で、いつも校内をジャージで歩き回っている体育教員の姿は、よくある学校の「番犬」ステレオタイプであるだけでなく、カイにとっては職場の服装問題からの解放も意味したのだった。

ハルもまた、手術もホルモンも具体的に計画していない非シスジェンダーとして、将来やキャリアへの不安を口にした。ロールモデルも社会にほとんど存在せず、診断書もなく、手術もホルモンもしない状態で、性自認やジェンダー表現をどこまで、どのように職場が受け入れてくれるのかは、想像するのも難しい問題である。幸運なことに、カイはロールモデルとなりうる憧れの体育教員に出会うという経験をしていた。その教員は女性だったが、かっこよくて、いつもジャージを着ていた。その先生へのある種の脱同一化を通じて、カイは体育教員の道を目指すことにした。ハルもまた、女子大でサッカー選手としての生活を続けながら、体育教員免許も取得予定であったが、その道のりは平坦ではない。この点については、本章の最終節で詳しく論じる。

またレスリングの選手たちのように、ハルとカイの語りにおいてもジェンダーの物質化、身体化、そしてジェンダー化されたモノとの関係は重要な要素であった。ジェンダー化されたスポーツのイメージ、女性性を強調した、あるいはしないユニフォームやジェンダーを表現する言葉を慎重に選び、組み合わせ、時にはカモフラージュとして使いながら、シスジェンダーではないものとして、あるいはトランス＝ＧＩＤとして自分の語りを紡いでいる様子は、「ＧＩＤ言説」の登場前も後も、非シスジェンダーの主体性の構築が社会で共有され理解される様々な記号を組み合わせながら行われる様を見せてくれる。またこうした性自認の枠を超えた問題のつながりと広がりは、性差別と性別二元制、トランス嫌悪の基盤をなすシスジェンダー主義の連動性を示すものでもある。

体育会系女子とトランスの不可視化

第五章で「献身的な女子選手」という言説を通じて体育会系女子という主体が構築され、それが図らずも「第三の空間」とも呼べるものを生み出すことについて考察した。この第三のジェンダー空間は、女らしさの規範とスポーツ一筋で女らしさを切り捨てた女子選手という性差別と異性愛主義、シスジェンダー主義の言説の摩擦によって生じると論じた。では、そのような第三の空間は、ハルやカイにどのように経験され、社会との折衝においてどのような役割を果たしたのだろうか。ジャージや体育教師としてのキャリアにもその一端が現れているが、ここでより詳しく見てみよう。

カイが中学生のときにチームメイトとともに短髪であることを校長に怒られた出来事について前章で短く触れた。その校長は、髪が短すぎることを問題視し、生徒たちに髪を女子に相応しい長さまで伸ばすよう命じた。そのとき、カイの担任は「この子たち暑いから大変なんです」と、カイたちを擁護した。校長が問題視したジェンダー規範からの逸脱を担任は選手として気持ちよくトレーニングに励むために必要なものとして理解を求めたのである。担任自身がその言葉を信じていたかどうかはわからない。生徒たちが自由に選んだ髪型をなんとか擁護しようと咄嗟に口にした言葉かもしれない。いずれにしても、それがある程度の説得力を持つ（校長への説明として成り立つ）ものとして考えられたことは間違いないだろう。

ハルと同じチームでプレーするシスジェンダーのアオイも、過去に所属した女子チームに髪を男子のように短くし、「おれ」や「ぼく」といった男性的な第一人称を使う選手たちがたくさんいたことを覚えていた。そのような男っぽい表現がサッカーチームの中で許容されていた理由を尋ねてみた。ハルは、必ずしもそれが「許容されていた」とは思わないとした上で、それでも自分みたいな人が他にたくさんいたと証言する。

ハル：中学校のときに、中学校の私立のトレセンのときは、自分みたいな人がめっちゃいっぱいいたんで、言ったのかもしれないんですけど、「もっと女らしくしなさい」みたいな感じのことを〔コーチが〕言ってましたけど。「あなたたちは女の子なんだから」って。けっこう「おれ」とか言ってる子ばっかだったんで。

筆者：サッカー部に？

ハル：そうっすね。トレセンの中のチームメイトにいて。それとか、「私って言いなさい」みたいな。

そのように髪を短くし、「おれ」という第一人称を使っていた選手たちの性自認については、ハルもアオイも聞いたことはないという。しかし、ハルはサッカーで活躍するには男性的な「性格」（アイデンティティではない）を必要とするからではないかと考えている。

ハル：サッカーっていうのは男っぽくないとできないんですよ。女々しかったら、考えとかが、絶対できないっす。この子ってなんかめっちゃ女の子やって思ったら、その子絶対活躍できないんですよ。

筆者：当たりが強いとか？

ハル：もう負けん気とか、すごい、負けたくないとかいうのはけっこう抽象的ですけど。なんていうかな。ガツガツいくとか、そういうところとかも。なんか、ボール取りに行くのに、怖がってたらもう絶対無理ですし。そういうプレーとかに、男っぽさがすごい出るなと思いましたね。

ハルは負けん気の強さや怖がらないという性格を「男っぽい」と表現した上で、それがサッカーでの活躍に必ず必要だと信じていた。ハルは、その「男っぽい」性格が短髪や第一人称とどのようにつながるのかについて説明はしなかった。しかし、ハルはそういったジェンダー表現も、サッカーというスポーツに惹かれ、そこで成功する資質を備えた人の「性格」の延長として捉えていた。

この考え方は、スポーツ一筋の体育会系女子言説とはロジックの流れが逆になっている。ハルにとって、女子サッカー選手が見せる「男らしさ」は、スポーツで活躍するための献身によって女らしさが抑制されることの結果ではなく、「男らしい」女子がサッカーを選び、成功するからなのだ。

これらいずれの考え方も、女性とスポーツに関する男性優位主義のイデオロギーが通底している。「女々しい」女はサッカーでは活躍できないとハルは信じている。そしてこの「鶏が先か、卵が先か」という議論は、その答えがどちらであったとしても、非シスジェンダーの選手がジェンダー問題を折衝する際に活用できる言説資源であることに変わりはない。スポーツに求められる「男っぽさ」は、周囲の詮索と避難の目から自分を守るカモフラージュとして機能するのだった。

この点について二人の考えを聞こうと、北米のスポーツ界における女子アスリートのレズビアン・スティグマについて説明をした。北米では女性が「男らしい」スポーツをすることに対して、性的倒錯やレズビアンの疑いといった言説が生み出され、アスリートの多くがレズビアンと思われないようにおしゃれに気を使ったり、髪を長く伸ばしたりした歴史があること、ペンシルベニア州立大学のルネ・ポートランド監督の「レズビアン禁止」ルール[*3]などが実在してきたことを説明した。その上で、筆者は日本で同様のルールを見聞きしたり、そのようなスティグマを実感したりしたことがないこと、他の協力者たちはむしろ「女になるな」というプレッシャーを経験していたことを話した。それを聞いた上で、カイは、彼の親もカイが男っぽいことについて、女子選手とはそういうものだと理解していたのではないかと言った。

カイ：親もカミングアウトするまで、スポーツやってる子はこんなもんなんだって思ってたらしいです。自分は変わってるな、じゃなくて。あ、うちはお母さんはスポーツやってないんすよ。お父さんはスポーツやってたけど。でも男の中でスポーツやってきてるから女子のスポーツわかんないじゃないですか。で、スポーツに、けっこう短い髪の子が多かったりとかジャージ着る子多かったりとか、私服もボーイッシュな子多いっていうイメージらしくて。こういうイメージがあるから。やっぱそこはありますよね。こう髪の毛短くしてるときとか、女らしくしないことがスポーツでちょっと正当化されるっていうか。

「ちょっと正当化される」という言葉は、女子のスポーツが男性的なジェンダー表現を許容するスペースを生み出す可能性を示している。そのスペースで、シスジェンダーの選手もそうでない選手もセクシュアリティについて詮索されることなく「女らしい」とは見なされない服装や髪型で過ごすことが許容される。第三章で見たように、そのようなあり方はあっという間に規範化し、修復する言説に取り込まれてしまう可能性がある。しかしそれがどのように説明されようと、選手たちの強い身体や、時に女の子には不適切だといわれる短い髪も、いつもジャージでいる姿そのものとともに、そこに堂々と存在しているのだった。

ただし、この第三の空間は、スポーツ選手であることと切り離せないために、限定的でタイムリミットがある。そしてその空間が性差別的で異性愛主義的で、シスジェンダー中心主義的言説から立ち上がるものであるがゆえに、多くの問題を抱えている。成功するサッカー選手は男っぽくなければいけないとハルが語ったように、男らしさとスポーツでの成功とを結びつける言説は、女は二流選手である、女はスポーツに向かないといった性差別的言説を再生産するリスクを伴う。さらに、この第三の空間は、選手が引退するとき、あるいは「いい大人」の年齢に達したときには、有効期限が切れ、成熟した女性として女らしい振る舞いを学ぶことが期待される。

この若者から大人へのトランジションは、多くのトランスジェンダーにとって難しい選択を迫られる時期である。日本のトップ選手の場合は、社会人としての生活だけでなく、選手としてのキャリアというユニークな困難がつきまとう。一八歳で法的に成人となれば、カウンセリングと診断を受けた上ではあるが、ホルモンや手術といったプロセスについて自分で判断ができるようになる。お金を貯めることができれば、診断書がなくても自分で海外に渡航し、手術を受けることもできる。だが、それはスポーツキャリアにとって何を意味するのだろうか。次節では、この非シスジェンダーとして学生から社会人に選手として移行していくことの困難さについて考える。

4　体育会系女子から「トランス」へのカミングアウト

高校三年生は、日本の若者にとって自分の将来についての大きな選択をする重要な年だ。大学に進学するか、どの大学にするかでその後の人生が大きく方向づけられる。まだ一〇代半ばにして、受験に向けた様々な決断を迫られる。日本の多くの非シスジェンダーの若者にとって、自己のあり方を認め、十分に支えてくれる法的整備や社会・生活インフラがない状況で、このプロセスは非常に困難なものになる。学校や公共空間におけるトイレ、更衣室問題は改善するどころか、ここ数年は一部のフェミニストを自称する人から強烈な排除言説が生み出される状況となり、バックラッシュの時代に入っているともいえる。非シスジェンダーの若者の将来に向けた準備をこのような状況がより困難にしていることは想像に難くない。

中学生の時点で家族や学校に対して自分の性自認について語り、必要な配慮を受けることができたハルでさえ、将来について考え準備することは苦しみを伴うものだった。ハルは、高校以降もサッカーを続け、いずれはプロの選手になりたいと思っていた。しかし、もしハルが性別適合に向けてホルモンや手術を受けることになったとしても、そのような選手を迎え入れる枠組みは、日本のスポーツ界にはほとんど存在していない。過去には、個々の選手が統括団体と交渉して、トランジション後の性別でプレーさせてもらった例がわずかにあるが、それがその後制度化されたわけではなく、あくまで例外としての取り扱いである。

筆者：〔将来について考える中で〕どういうことが心の中で引っかかったとか、自分の中で克服するのが難しかった？　やっぱり恐怖とかもあるじゃない？　不安とか。

ハル：そうっすね、なんかもう見えないじゃないですか、先が。高校三年生のときとかも、けっこう悩んで、むちゃくちゃ。そういう一生ずっと考えてて、で、就職するのも、就職っていうか将来どういう感じに進んでいくかみたいな、感じの時間があって。で、自分はこう、ま、取りあえずサッカーして、サッカーしながら男になっていくって無理なんだ、無理っていうか難しいっていうのがあって、すごい思ってて。でもサッカーしたいしと思って。

「サッカーしながら男になっていくって無理なんだ」、「でもサッカーしたい」。この言葉は、今日本の「トランス」選手が直面する困難をよく表しているだろう。プロとしてのキャリアも夢見たが、トランジション後にＦｔＭトランスジェンダーとして活躍したロールモデルとなる選手はほとんどない。競艇の安藤大将選手はその偉大なパイオニアではあるが、競艇では男女の選手が一緒に競う。男女別に競技が行われるその他のスポーツの選手たちには、その切り開かれた道を簡単に追うことはできない。

そのような困難に直面していた高校三年生のある日、ハルの担任教師が自分の将来について紙に書くという課題を出した。ハルは自分の性自認について以前に担任と話したことがあり、その紙に「男として生きていく」と書いた。しかし、それを見た担任は、「そういうのはもういいから」。どの性別で生きていくのかではなく、たとえば大学の専攻や職業など、「他のこと」を書くように指示した。ハルはその教師のアドバイスにどう応答すればいいのか非常に悩んだという。それは、自分の描く将来の夢が、生きていくことのできる未来が、まさにジェンダー問題によって閉ざされていると感じていたからである。どのようにジェンダー化された身体を生きていくのかについて考えなくても将来のキャリアについて考えられるという発想そのものがシスジェンダー主義的であり、シスジェンダーの特権なのである。

それでも、ハルは困難だった高校生活を生き延びた後、その非シスジェンダーの現実を理解しない教員の言葉からも意味を見出しつつあった。ハルは、自分の将来の不確実性も、自分の性自認をうまく表現し、理解される言葉が社会に存在しないことも少しずつ受け入れ始めていた。ハルは、明確な将来のビジョンがほしいという望みを痛みに耐えながら手放しつつ、人生の各ステージで最も大切なものは何かを慎重に見極め、一歩ずつ歩みを進めていた。

ハル：まぁ身体変えたいと思えば変えればいいし、もうこのままでやっていけるんなら、ちょっとでも我慢できるんなら、まぁこのままでやってたほうが、楽だしお金かかんないしみたいな感じですよね。

筆者：でも具体的に就職ってなったらね、身体変えるってなったら、ホルモンやらなきゃいけないし。そのあたりについては考えてる？

ハル：今は考えてないです。正直、このままでいいかなって思って。

筆者：今のところは？

ハル：今のところは。

筆者：このままでも生きていけるだけの環境は、ある？

ハル：そうですね、別に今のままで……でも、女もんのスーツは着たくないっす。

筆者：そのあたりのバランスは難しいよね。思い切ってもうトランスだって割り切ってさ、ホルモンもやって手術もやってしまえば、「完全」に男に変わる限りは、社会にはそういうスペースもある。でも、本当に徹底的に中間を貫くっていうのは、むしろないよね。性同一性障害あろうとなかろうと。

ハル：あ、でも企業に就職しようかなって思ってたんですけど、なんか先生やったら、なんとかなりそうな気がするんですよ。こんな状態で男もんのスーツ着て、入学式とか出ても、なんかいけそうな気がするんですけど、企業とかになるともっと堅いイメージがあるんで。

将来への大きな不安の中で、ハルは体育教師という職業に希望を見出していた。カイが同じような理由から体育教師の道を目指していたように、体育教員というあり方には、自分の選手としてのアイデンティティを維持し続ける、換言すれば第三のジェンダー空間を維持できる可能性、つまり人々の批判や詮索の目を和らげる情動的なバッファー（affective buffer）として機能する可能性があるのかもしれない。

ハルとは対照的に、カイは大学生のときから性別適合に向けた準備を進めていた。トランジションそのものは大学を卒業するまで始めなかったが、友達やチームメイトにはカミングアウトしていた。そういった周囲の人々の理解もあって、大学卒業前から男性として生活を始めていた。ただ、彼の性自認はチームメイトからは尊重されていたものの、女子大の選手として試合に出て、選抜された「女子選手」として合宿に参加しなければならなかった。そしてチームの一員として遠征に行くときは、女子大の名前の入ったチームジャージで移動しなければならないことが彼をジレンマに陥れた。男性として生活を始めたとき、人からの視線が一番心配だったのはどういう場面だったかと聞くと、カイはすぐに「トイレ」と答えた。

カイ：もう大学はオープンにしてたから、個人的には男子便に行ってたんですけど、でも、みんなでサッカー部の、このネーム（女子大の名前）入りで行ったらいけないじゃないですか。そういうときはもう我慢して［女子トイレに］入るじゃないですか。だから、そういうときが一番。トイレじゃないかな。おばちゃんとかにめっちゃ怒られましたもん。駅のトイレとか入ってて、「あんたどこ入ってんの！」みたいな。「ええ、いや、違うんスよ、女です」みたいに言っても「何言ってんの！」みたいな感じででけっこうまた怒られて。

大学卒業後、カイはエリートレベルのサッカーからは引退し、フルタイムで男性として生活することを目標にホルモン療法を開始した。声がかなり低くなり、髭も生えてきた今、彼はもう女性オンリーのスペースにアクセスることはできない。しかし、体育教員として就職活動をする中で、自認する性別と書類に記載されている戸籍上の性別のズレが問題となった。二〇〇三年に「性同一性障害者の性別の取扱いの特例に関する法律」が定められた後も、性別適合手術要件は、当事者に重い足かせとなり続けている。就職活動の際、まだ手術を受けていなかったカイは、履歴書に「男」と書くことができなかった。それでも「男性教員候補」として男物のスーツを着て面接を受けた。採用側は書類に目を通していたはずだったが、男性として面接を受け、順調に話が進んだ最後の段になって、戸籍上の性別が問題になるのだった。

カイ：職業的なもんもあるんですよね。自分一応教員免許取って、去年かな。中学校とかから話きたんですよ。でも話しに行って、で、なんか大体性別見てないんですよ。向こうの学校の先生って。

筆者：履歴書に書いてあるけど?

カイ：履歴書には書いてあるし、向こうの講師登録してある場所にも書いてあるんですけど。登録する場所があって。でもスーツ着て行って、ネクタイして行って、面接して、普通に男性だと思われてて、で、「最後になんか話すことありますか?」みたいな感じで、「実はあの戸籍上は……」みたいな話をすると断られちゃって。「ちょっと教育委員会と話していいですか」とか。って感じでそこで引っかかるんで、だからもう戸籍を変えるしか、やってく道はないかなぁって思って。このままでいくにはちょっと、まだ公では認められないんだっていうのもあるから、ちょっと急いだんですけど。じゃなかったらこんなに急いでなかったかもしれない。

非規範的なジェンダーのあり方を不可視化する社会を生き延び、体育教師としての道を選び、教育実習を終え、ようやく教員免許を取得したにもかかわらず、シスジェンダー主義という制度的、社会的壁によって、彼の夢は頓挫させられた。それでも、その壁を乗り越えるため、カイは「こんなに急いでなかったかもしれない」手術に向かって準備を進めていた。性腺摘出を伴う手術は、それ自体が非常に身体に負担のかかるものであるだけでなく、自分の子どもを持つことを生涯諦めることも意味する。世界的に見れば、トランス男性がホルモン療法を一時的に中止して妊娠出産したり、パートナーの女性がトランス男性の卵子で出産したりするケースなども出てきている。カイがどのような形で子どもを持つ、持たないことを希望するにせよ、このような大きな決断をすることが、戸籍変更要件となり、就職での差別につながっている状況は、即時に改められる必要がある。

性別適合手術が終わり、書類上もフルタイムで男性として生活できるようになった後も、サッカーを続ける場所を見つけることは簡単ではないという。女子カテゴリーから男子カテゴリーに移行することには、様々なジレンマが伴う。エリート選手であったカイは、すでにトップ選手としてのアイデンティティがある。しかし、男子選手として再スタートすると、ホルモン療法により身体がある程度強くなっても、男子の世界では「全然通用しない」ことも辛いという。

カイ：自分は今この状態でまだサッカーとかもしたいんですけど、〔逆に〕やる場所がなくて困ってます。
筆者：あぁ、やっぱり場所がない？
カイ：ないって感じますね。どう属してやればいいのかっての悩みますね。
筆者：自分の中で希望はある？

カイ：男子の中でやりたいんですけど、実力的に……こうなんか今までやっぱり全国大会とか出てやってきて、でもそれは女子の実力で、男子に入ったら県大会レベルか、へたしたら市大会レベルなんですよ。だから全然通用しないんで。身体能力もまったく、通用しないのが痛いところ、ですね……。注射打って筋肉とかもだいぶつくんですよ。で、体格はよくなったりするんですけど、でもやっぱりどうかなー。男子の世界入って一流でやってる人たちにはついていけないんで。

筆者：うん。じゃあそこでやっぱり自分が期待してるレベルにはいけないっていうことに対する……。

カイ：葛藤はありますね。

筆者：現実的な制度としてはどう？　自分が本当にやろうと思ったらそこに入れる、そういう社会的な準備はある？

カイ：あー、どうかな。それもちょっとわかんなくて。今ちょっとほんとはやりたくてチームを探したりしてるんですけど、やれる自信がそこまでないのと、あとはその、チームに飛び込んで……不安のほうが大きくて。ミックスで大会に出たりはしてるんです。ミックスで男として出てはいるんですけど、男の大会には、友達の誘いがあって入ったりして出たりしたことあるんですけど、ほんとに本格的にチームに入ってっていうのは、そこまでちょっと自信がなくてやってないですね。ただやりたいんですけどね。

また、彼が女子選手として長くプレーした選手であったために、トランジション後に「元女子選手」として認識されてしまうことが不安だという。

カイ：あとはなんていうんですかね。女子のサッカーでけっこうその、中学校くらいからもう一〇年くらいやってるんで、顔も知れてるんで。大会に出て、たとえば女子の大会と男子の大会が一緒にやってる大会とかに行くと、「いや、あの人」みたいな。男子の監督とかでも、知ってたりとかする人がいたりとかして、こう、面が割れちゃうと、「あ、元女の人」みたいになると居心地的も悪いし、っていうので困ったりもしてるんです。

筆者：なるほどね。でもそれはあれだよね、先にやってる人がいない限りは自分が切り開いていかなきゃいけない世界だよね。

カイ：そうなんですよね。

筆者：なんとか勇気を振り絞って行ってみようとは思ってる？

カイ：そうですね、だから手術とかが終わって戸籍を完全に変えたら、もう、飛び込んでみようかなと思ってるんですけど、この今の中途半端な状態で、飛び込むのはちょっと……。ずーっと機会をねらってたけど、結局入ってないっすね。

医療のサポートと法的な性別変更は、カイが男性として社会で生きていく大きなサポートになるだろう。しかし、彼が情熱を傾けるサッカーは、「女子選手」としての過去がつきまとう。世界のサッカーを統括するＦＩＦＡのトランスジェンダー選手の出場規定[*4]に照らせば、ホルモン療法を開始したカイは女子選手枠では出場できないことになる。しかし、カイが「今の中途半端な状態」と表現する状況は、男子チームでプレーすることに対する大きな不安要因となっている。生きていくことができる自身のあり方を求めてトランジションをする決断をしたが、それは瞬時に終わるようなものではなく、数多くのステップを要し、それも直線的にスムーズに進むとは限らない。この複雑で困難も多いプロセスを進んでいこうとする選手たちをサポートする仕組みは、今のスポーツ界には存在しない。規定の文言もあくまで男女二分というスポーツのルールを混乱させる存在として、その出場資格を厳しく一元的に取り締まるもので、そのプロセスへのサポートや柔軟な対応といったものは見られない。結果として、カイはトランジションの途中という不安の中で、教員としても選手としても居場所のない不安を抱えている。

ハルとカイが抱えるジレンマや困難は、今の日本社会、そして世界のスポーツ界を覆うシスジェンダー主義とトランス嫌悪がいかに非規範的性を生きる選手たちの選択を狭め、苦しい選択を迫るのかを伝えるものだ。体育会系女子という、「男らしい女子選手」を社会的に承認可能な存在にする言説がわずかに非シスジェンダーの選手たちに一時的に居場所を与える作用を持っているとしても、それは一時的な猶予期間でしかなく、不安定なものだ。『Nunber』の体育会系女子に関する二〇〇一年の記事が示すとおり、体育会系女子もいずれは「強く、正しく、美し」い「素敵な大人」になることを求められているのである。

性自認と身体の成長との葛藤、ジェンダー規範と性的タブーに戸惑い、難しい判断をしながら大人になり、選手としてのキャリアの先にある人生を考えるとき、そこにも歴然とした性別二元制が待ち受けている。医学的、法的性別適合のプロセスを経ずに、非シスジェンダーとして自分に合ったジェンダー表現をするスペースは非常に限られている。四六時中ジャージを着ているように見える体育教員とて、社会のジェンダー規範から自由ではない。

ハルとカイは、ロールモデルのほとんどいない非シスジェンダーの選手としての未開の道をそれぞれ手探りで、創造的な方法で歩んできた。ハルは、女子大学のサッカーチームでプレーしながら、いずれはなでしこジャパンで活躍することを夢見ている。カイは、インタビューの二年後、海外での性別適合手術と戸籍上の性別変更を無事に終え、その翌年から地元で非常勤の体育教員として働き始めていた。この先も、非シスジェンダーとしてエリートスポーツの世界を、あるいは体育教員としての道を照らしてくれる先人はごくわずかだ。だが、彼らが歩んできた道のりは、次の世代にとって貴重な道標となるに違いない。

注

1　性別適合手術は、Sex Reassignment Surgery（SRS）とほぼ同義語の和訳として、ＳＲＳと置き換え可能な言葉として使われることが多い。北米での英語表記は「再付与」というニュアンスの“reassignment”よりも、感じていた性別を肯定、確定するというニュアンスの“affirmation”が使われることが多くなった。だが日本では性別適合手術という言葉がトランスコミュニティでも継続して多く使用されているので、本書もその表記に従う。

2　https://www.mext.go.jp/b_menu/houdou/28/04/__icsFiles/afieldfile/2016/04/01/1369211_01.pdf

3　ペンシルベニア州立大学の元女子バスケットボール監督のルネ・ポートランドは、飲酒、薬物使用に並んでレズビアンをチームで禁じた。これについては、Dee Mosbacher と Fawn Yacker 制作の二〇〇九年のドキュメンタリー映画 *Training Rules* が詳しい。

4　ＦＩＦＡは二〇一一年に性別確認のポリシーを策定し、ＩＯＣと同様に選手の性自認や身分証明書に記載された性別ではなく、選手のテストステロンレベルにより出場資格を規定している。このホルモン値による出場規定は、元は性別確認検査の方法として導入されたもので、非典型的な性分化の特徴を持つ女性（ＤＳＤ、生物学的性の多様な発達、インターセックスとも表現される）が数多く排除され、差別的な規定として批判も多い。近年は、高アンドロゲン症規定で用いる数値とトランス女子選手の参加規定に用いられる数値を統一し、二つの異なるジェンダー問題を一つのルールにまとめて扱う傾向が強まり、男女カテゴリーの線引きがホルモンによって身体がいかに変化してきたかに集約されつつある。参考：“Policy on transgender people Fédération Internationale de Football Association”, “Regulations FIFA gender verification”

終章　スポーツ・フェミニズム・クィア

1　トランス選手とフェミニズム

二〇一八年にお茶の水女子大学がトランスジェンダーの女子学生の入学を認めるという発表をしてから、日本語のツイッター圏において一部の「フェミニスト」らによるトランス排除言説が吹き荒れている。[*1] 特に「女性オンリー」の空間にトランス女性が入ることに対する恐怖を表明する語りは、女子トイレや更衣室、銭湯などの空間からスポーツの話題にも飛び火した（この問題とスポーツのつながりについては、他の場所で詳しく論じているのでそちらも参照してほしい。例：Itani, 2020）。二〇一九年には、米国コネチカット州の高校女子陸上を舞台として訴訟にまで発展したトランスの女子選手の出場をめぐる論争が、とりわけ女子スポーツの危機として米国のメディアで取り上げられ、そのニュースは日本のツイッター上でも女性の権利侵害の事例として翻訳され、引用された。そこでは、「女子は男子相手に絶対に勝てない」というセクシスト（性差別主義的）で単純化した主張がなされ、トランスの女子選手を「男子選手」と呼ぶ典型的なトランスフォビックな言説（ミスジェンダリング）が繰り返された。実際には、コネチカットの裁判で原告の一人となったシスジェンダーの女子選手、チェルシー・ミッチェルは、訴訟後の二〇二〇年二月にインドア大会の六〇ヤード走でトランスの女子選手に競り勝っている。また、二〇二〇年のコネチカット州におけるアウトドア大会でのトップ記録を見てみると、そこに名前が挙がっているのはトランスの選手ではなく原告となった選手ら（一〇〇mで一二・二一秒を記録したチェルシー・ミッチェルと四〇〇m走で五七・七八秒を記録したアラーナ・スミス）である。[*2] トランス選手のせいで大学リクルートの目に止まらない、最初から負けるという結果がわかっている、という彼女らの主張は、自らのパフォーマンスによって否定されている。この出来事はFOXニュースなどの主要な保守メディアでも取り上げられ、原告らの名前がむしろリクルーターたちの目により止まることになっただろう（それをリクルーターたちがどう判断したかは別として）。だが、これらの現実ですら、根深いトランス嫌悪に基づいた「女子スポーツ乗っ取り」言説を鎮める力になっていない。二〇二〇年七月には、ワールドラグビーがトランス選手を性自認に合ったジェンダーカテゴリーで出場することを一切禁止するルールのドラフトを発表し、世界の多くの研究者、選手、活動家らが抗議の声を上げている。[*3] 二〇〇四年にIOCが国際的なスポーツの統括団体として初めてトランス選手の出場枠組みを作って以来、問題も多く指摘されながらもトランス選手をスポーツに包摂する方向性で議論が進んできた。その枠組みにより、トランスであることを公表してスポーツに参加する若者が少しずつ増えてきた。現在の状況は、そういったフォーラッシュに対するバックラッシュともいえるだろう。

オンラインでしばしば語られる、女子スポーツをトランス選手が「乗っ取る」という懸念がいかに現実離れした、恐怖を煽るだけの言説であるのかは、女子スポーツのニュースを見ていればすぐに気づくだろう。IOCがトランス選手の出場枠組みを定めてから一五年以上が過ぎたが、オリンピックだけでなく、あらゆるスポーツの世界選手権はおろか、国内大会の表彰台に上がったトランス選手を私たちは一体何人知っているだろう。表彰台どころか、競技レベルに関係なく、トランス選手に出会い、その思いや経験を直接聞いたことがある人は一体どのくらいいるだろうか。

トランスジェンダーの選手がスポーツに参加することに関する議論の中でほとんど省みられることがないのが、トランスの選手たちの思いである。自転車競技のレイチェル・マッキノンや、デュアスロンのクリス・モージャー、バスケットボールのカイ・アラムズなど、トランスの選手として、人権活動家として、繰り返し自身の人生におけるスポーツの大切さと、性別適合プロセスとスポーツを両立させることへの不安、枠組みのない困難さ、チームメイトやコーチ、家族のサポートへの感謝と将来への希望について語り、発信を続けている選手たちがいる。中には総合格闘技のファロン・フォックスのように、アウティングという暴力的なプライバシーの侵害を受けたことでその名がより広く知られるようになった選手たちもいる。もちろんトランス選手の中にも多様な意見があり、たとえばリネー・リチャーズは、女子選手としてプロテニスのトーナメントに出場した経歴を持つが、トランス女性が女子競技に出場することに賛成から反対の立場に揺れ動いた。ジョアンナ・ハーパーは、トランス選手の包摂に向けて、トランス選手のパフォーマンスに関する研究成果を発表するかたわら、ホルモン値による公平性という観点でワールド・アスレティクスの高アンドロゲン症規定を支持している。*4 先のマッキノンは女子競技においてホルモン規定があること自体を批判する立場を取る。

二〇一六年に公開されたトランスジェンダーの選手についてのドキュメンタリー映画 *No League of Their Own: Transgender Athletes* では、国代表チームに入るようなエリートレベルから高校の部活動でスポーツを楽しむ選手まで、いろいろな立場からスポーツの意味と、チームに所属できる、スポーツに参加できることの意味が語られている。このドキュメンタリー映画は、身体を動かし、技術を磨き、仲間と活動することなどを通して得られる心身の健康や居場所、そして仲間と活動する楽しさや思い出が人生の大切な一部であり、それが守られるべき人権であるのはシスジェンダーもトランスジェンダーも同じだという、あまりにも当たり前のことを思い出させてくれる。

繰り返し書いてきたように、スポーツでは男女の分離が厳格にルールとして定められ、非常に厳しく監視される。その世界でトランス選手として将来を想像することの壁は高く、男女別の競技において性自認にマッチしたカテゴリーで参加することは実質のカミングアウトになってしまう。たとえ競技団体が守秘義務を守ったとしても、選手としての過去を知っている関係者によるアウティングの恐怖もあり、カイが語ってくれたとおり、実績のある選手であればあるほどトランスであることを知られずに参加することは難しい。また、たとえ町の体育館で行われるようなレクリエーションの場であっても、性自認を尊重された形でスポーツに参加できる保証はない。「トランス女性とシス女性が一緒にスポーツをすることは危ない」や「トランス女性が女子スポーツを乗っ取る」という、コンテクストと現実を無視した科学的な裏付けもない言説が広がれば広がるほど、その可能性は狭められていくだろう。

本書では、フェミニズムが訴え続けてきたジェンダーとセクシュアリティに関わる差別、抑圧と暴力の問題がいわゆるＬＧＢＴ、特にトランスジェンダーの人々に対する差別と抑圧といかにリンクしているかを論じてきた。スポーツにおけるトランスジェンダー排除の問題は、フェミニズムが重視してきたインターセクショナリティの観点から重要なだけでなく、トランスジェンダーへの差別と暴力は、「女らしさ」の規範により女性の選択や人生の可能性を縛り、生物学的要因に男性の優越性を見出そうとするセクシズムのもう一つの顔であるという観点からも重要である。トランスジェンダーに向けられる嫌悪と懐疑の目は、ジェンダー規範を逸脱したと見なされたシス女性に向けられる嫌悪と懐疑の目と重なり合う。そしてトランス女性に振るわれる暴力は、セクシズムとトランス嫌悪、そしてしばしばレイシズムが重なり合ったものである。トランスジェンダーへの差別と戦うことは、セクシズムとの戦いを内包しているのである。

2　スポーツをクィアする

ハルやカイ、その他の多くの非シスジェンダーの選手、そして広くはゲイやレズビアンといった性に関する社会規範に収まらない選手らが、堂々と安心してそこにいられるようなスポーツ空間とはどのようなものだろうか。そのようなものは性別二元制に縛られ、身体能力により人を序列化するスポーツで可能なのだろうか。

北米を始めとした国際的なスポーツの世界では、スポーツにおける同性愛嫌悪とトランス嫌悪を克服する努力が長く続けられてきた。今やスポーツ界のレジェンドとなったビリー・ジーン・キングは、一九七四年にスポーツにおけるジェンダー平等を目指し、Women's Sports Foundation（ＷＳＦ）を設立した。そのＷＳＦは、レズビアンの立場からスポーツにおけるジェンダー問題に取り組んだ先駆的研究者であるパット・グリフィンを迎え、二〇〇二年にIt Takes a Team プロジェクトをスタートさせた。このプロジェクトのルーツは、女子テニスのスター、マルティナ・ナヴラチロワがＷＳＦと協力して一九九八年に始めた同性愛嫌悪解消に向けたキャンペーンである。またフェミニスト団体によって行われた、スポーツにおけるＳＯＧＩ差別の解決に向けたプロジェクトで、特にトランス選手のインクルージョンの問題に積極的に取り組んだものとして、It Takes a Team は先駆的な存在である。その後、二〇一一年には、教育とセクシュアリティの問題に取り組む米国のＧＬＳＥＮによるスポーツ・プロジェクト、Changing the Game がスタートした。スポーツにおいてトランスジェンダーの子どもや若者、大人たちが差別されることはフェミニスト問題であり教育問題であるという認識が、少なくとも北米においては広がってきていたことがわかる。

第一章で書いたとおり、北米のスポーツ社会学では、スポーツにおけるセクシズムと同性愛嫌悪、トランス嫌悪が密接に結びついてきたことは一九八〇年代から指摘されている。また米国のＷＳＦや、カナダのCanadian Women & Sport（ＣＷＳ）のように、その時代のスポーツにおけるフェミニズムと研究を結びつけるアドヴォカシーグループは、悪名高い性別確認検査に代表されるスポーツにおける女性身体に対するポリーシングや介入を長く批判してきた。トランスジェンダー選手に対するこれらの団体のサポートとインクルージョンに向けた姿勢は、そういったフェミニズム思想の上に成り立ってきたものであり、[*5] スポーツ界の異性愛主義とシスジェンダー主義への抵抗は、スポーツ界の男性支配と性差別への抵抗と切り離せない関係にある。

研究とアドヴォカシーの両輪で始まったこうした取り組みは、その後、多くのスポーツ統括団体による同性愛嫌悪とトランス嫌悪の解消、トランスインクルージョンに向けたポリシーの策定につながった（オリンピック憲章の反差別条項に「性的指向」という文言を加えた二〇一四年の改定は、この動きの中では極めて遅かったといえる）。こうした動きの中で、多くのゲイやレズビアン、そして少ないながらもトランスジェンダーの選手たちがカミングアウトするようになった。そして世界のあちこちで、ゲイやレズビアン、バイセクシュアル、トランスジェンダー、そしてアライのためのスポーツチームやリーグ、スポーツ・プログラムが生まれている。スポーツは、身体を動かし、人とつながり、他者とのつながりを再確認する場となりうる。スポーツがハラスメントと虐待の温床となってきた一方で、夢中で練習に打ち込んだり、そこに集まる友人たちと楽しい時間をともに過ごしたりする、楽しみと休息、回復の空間でもある。

欧米の性に関する認識論的枠組みによる抑圧に抵抗しながら、「トランスジェンダー」やノンバイナリーの若者のための居場所作りに取り組むキャンプ・アラヌーティック（Camp Aranu'tiq）のようなアウトドア活動の試みもある。キャンプ・アラヌーティックは、単に「トランス・インクルージョン」の試みではない。トランスやノンバイナリー、ツースピリットの子どもたちのためのキャンプでは、そこで子どもたちの活動を見守るスタッフのほとんどがトランスやノンバイナリーの大人たちである。そこでは、自分のジェンダー表現や身体が他者からジャッジされたり、批判されたり、矯正されたりしない、トイレに行ったりシャワーを浴びたり、水遊びをするたびに悩み恐れる必要がない。そのような空間が、たとえ一週間に満たない夏のキャンプの日々であったとしても、どれだけシスジェンダーでない子どもたち、若者、そして大人のスタッフを勇気づけ、生きていくための自信につながっているのかは、参加者やその家族の声を聞けば十二分に伝わってくる。たとえば、一四歳の子どもがこのキャンプに参加した母親は、このような手紙を書き送ったという。

このキャンプは、一二歳から男の子として生活している一四歳の子どもを持つ親としての夢に応えてくれるものでした。去年の夏、彼は〔あるキャンプで〕女子のベッドを使わねばならず、からかいやいじめにも合い、とてもひどい経験をしました。[*6]

街の日常を離れたキャンプでの経験は、ある種のクィア・ユートピアを生み出す試みでもある。キャンプの設立者であるニック・タイシュは、長くボランティアをしていたあるサマー・キャンプから、トランジションを契機に「トランスジェンダースタッフを見たら参加者がパニックを起こすから」という理由で追い出された経験がある。彼は、そのときに傷つき動揺し、戸惑った経験から、似たような経験をする、より傷つきやすい子どもたちへと思いを馳せ、キャンプを作ることにしたと語る。キャンプが与えてくれる素晴らしい経験を、性自認やジェンダー表現を理由に奪われてしまわないように、キャンプで出会った仲間たちがこれからの人生で感じる孤独を少しでも和らげれば、と。

家父長制やシスジェンダー主義は、植民地主義や資本主義と密接に連動して、フーコーのいう性政治によって生かされる（let live）生命と、アキーユ・ンベンベのいう死政治（ネクロポリティクス）によって殺される（let die）生命を選別し、生と死を不均衡に配置する。誰の生命と生の可能性が尊重され、守るに値するものと見なされ、誰の生命と生の可能性が社会を混乱に陥れる脅威と見なされ、排除されるのか。世界的に見ると、あまりに多くの非白人のトランス女性（trans women of color）がミソジニーとレイシズム、トランス嫌悪のインターセクションで不可視化され、命を落としている。そのようなフォビックな世界で、マイノリティ主体は、ムニョースが論じたように既存の多数派の文化、言説資源を用いつつ、生き残るだけでなく、オルタナティブな世界を想像・創造していく。ハルやカイも、体育会系女子言説やトランス＝ＧＩＤ言説、学校ジャージ、ジェンダー化されたスポーツのイメージといった様々な記号と意味を、時には規範の内側に留まりながら、時にはそれを揺さぶりながら認識可能性と自分らしさの緊張関係と向き合ってきた。彼らのような存在が日本代表選手として、あるいは地域のスポーツチームの一員としてのびのびとサッカーをする姿は、女子選手として初めて社会人リーグの男子チームに（一時的）に加入した永里優季選手と同様に、ジェンダー規範の壁に挑み続ける選手の姿として、その実力と勇気、そして貴重なロールモデルとしての価値を見出されてほしいと思う。

今回の調査では、出生時に女性と判定された選手たちを対象としたため、トランス女性の選手たちに話を聞くことができなかった。性自認にマッチしたチームでプレーするという点で言えば、トランス男性よりトランス女性のほうがバッシングに晒されやすく、実際にスポーツ統括団体が定めるトランスポリシーは、トランス女性の選手により厳しい条件を課す。そしてメディアでもスポーツの現場でも、表彰台に上がろうが上がるまいが、厳しいバッシングを受けるのはトランス女性たちだ。本章冒頭で書いたように、トランス女子選手らをめぐる状況は、二〇年ほどの前進を経て、保守とフェミニズムが絡み合った大きなバックラッシュの波に襲われている。この問題については、場を改めて議論をすることにしたい。

3　スポーツからジェンダーをクィアする

近代スポーツは厳格な性別二元制の上に成り立ち、強固な男性支配が続く保守的な文化、空間、機関である。優生思想を簡単に内包し、競争原理で人を階層化する究極的な文化装置でもある。だからこそ、政治の世界がそうであるように、女性の参加は歴史的に厳しく制限されてきたし、徹底したミソジニストだったクーベルタン男爵は、いまだにオリンピックの父として崇められ、東京２０２０を契機として、その銅像が新宿区霞ヶ丘町の（都営霞ヶ丘アパートの住民を追い出して作られた）ジャパン・スポーツ・オリンピック・スクエアに設置された。

だが、スポーツが多様な身体技能を磨き、その多くの種目で強い筋力、スピード、持久力、低体脂肪率など男性身体と結びつけられて考えられる特性を求められるがゆえに、それを体現する女性身体は、ジェンダー規範を揺さぶる契機となってきた。そしてその揺さぶりを押さえ込む方法として、さらに性別判定に関わる身体部位の発達の複雑さと多様性への無理解によって、性別確認検査や現行の高アンドロゲン症規定というジェンダー・コントロール（Bavington, 2019）の装置が生み出されてきた。本人の生きてきた歴史や自己理解、傷つきやトラウマを無視して選手のジェンダーを「科学」で一刀両断的に決定しようとする。この強迫観念に駆られたとしか表現ができないようなジェンダーの監視と管理は、統括団体がそれにこだわればこだわるほど、身体的性別と説明されるセックスが、実はジェンダーであるのだということをよりわかりやすく示すことになる。

また、エリートレベルの選手たちは、人間身体の驚くべき可変性を見せてくれる。世界のトップアスリートになるには、類い稀な素質が必要なことはいうまでもないが、トレーニングと環境によって、身体は驚異的なパフォーマンスが可能なものへと見事に作り替えられていく（スポーツをしたり見たりすることを面白いと感じる人は、競争の勝ち負けにつきまとう興奮だけでなく、そのような身体の可変性の魅力と驚きを感じているのではないだろうか）。生殖に関わる臓器の状態であれ、染色体であれ、ホルモンのレベルであれ、体毛の長さや骨格の形状であれ、身体のある特徴に基づいて、その特徴とその人本人がどのような関係を結んでいるかにかかわらず、「男」と「女」という存在として意味付け、位置付け、社会の規範に従ってその身体の成長を促そうとする実践、プロセス、効果がジェンダーである。身体がどのように発達するのかは、一部では遺伝子やホルモンレセプターといった生物学的要因に、一部では食べ物や地理的条件といった環境要因に、そして一部ではスポーツのトレーニングや医学的介入などの極めてわかりやすい社会的要因による。さらに、そういった様々な要因の影響を受けて発達する身体がどのように感じられ、意味付けられるのかもまた、生物学的、環境的、社会的要因などが複雑に絡み合う。それをどう定義づけるにせよ、「女性の身体特徴」を持つことと、「規範的シスヘテロ女性」として生きることは同じではなく、それを理論的に実践的に明らかにしてきたのはフェミニズムであり、その流れを汲むクィア理論である。ゲイル・サラモンは次のように問う。

その身体を生きる者のジェンダー・アイデンティティ、ジェンダー表現、コミュニティにおける意味などにかかわらず、これらの身体が「本当には」女性（フィーメイル）であると主張し、ボーイたちのジェンダーの現前や同一化では決して否認することができないアイデンティティについての真理をこれらの身体が持っていると主張することに、いったいどんな意味があるのだろうか。

（サラモン、二〇一九、一四九頁）

フェミニスト理論もクィア理論も、そして批判的人種理論、クリップ理論などの幅広いクリティカル・セオリーは、生の可能性を身体的特徴に還元し、矮小化しようとする権力構造のあり方を解明し、身体の新たな意味と生の可能性を開こうとしてきた。残念ながらいくらかの女子選手たちがそうであるように、高アンドロゲン症規定をサポートしたり、トランス女性の経験とアイデンティティを否定し、女性オンリー空間から排除したりしても、ジェンダーに基づく支配構造を解体し、抑圧と暴力から女性を解放することはできない。それはこれらの権力構造が身体と意味の偏狭なつながりをできるだけ自然化し、強化し、それ以外のあり方を敵視し、排除することによるからである。

本書で記してきた若い選手たちの希望と葛藤、内外から意味付け訓練される自己身体の意味と可能性の狭間で揺れ動く主体性は、このような権力の作用とともに、それに還元されない生の可能性を示してくれる。その可能性をさらに押し広げていくのか、再び本質主義に押し込めようとするのか（この試みは必ず失敗するけれど）、スポーツとフェミニズムの未来が問われている。

注

1　この経緯についてはフェミニスト研究者や活動家有志によって立ち上げられたウェブサイト「Trans Inclusive Feminism」が参考になる。https://transinclusivefeminism.wordpress.com/

2　https://www.athletic.net/TrackAndField/Connecticut/

3　ワールドラグビーの新たなトランスジェンダーポリシー案の発表とそれに対する各方面の反応は、次の記事が詳しい。Webb, K. (2020, September 8). 84 scholars sign letter telling World Rugby: Let trans women play. Outsports.com. Accessed from: https://www.outsports.com/2020/9/8/21422320/rugby-trans-ban-scientists-academics-world-rugby-letter-trans-gender-athletes

4　ハーパーはまた、「スポーツ目的のジェンダー（gender for sporting purpose）」という概念を提唱しているが、これはスポーツ空間と日常空間でジェンダーを着脱できるようなものとして想定している時点で机上の空論であり、女子選手たちの現実にまったく寄り添っていない。

5　CWSのトランスジェンダーのインクルージョンについての考えは、Position Statement: Trans Inclusion in Sport から確認できる。https://womenandsport.ca/resources/research-insights/trans-inclusion-in-sport/

6　https://www.socialworker.com/feature-articles/practice/Camp_Aranu%27tiq/

参考文献

合場敬子（二〇一三）『女子プロレスラーの身体とジェンダー――規範的「女らしさ」を超えて』明石書店
――――（二〇一〇）「女子プロレスラーの怪我と痛み」『スポーツとジェンダー研究』八　一八―三四頁
――――（二〇〇八）「闘う技能と自己防衛――女子プロレスラーの身体とジェンダー」『ジェンダー&セクシュアリティ』三　三―二三頁
――――（二〇〇七）「変容した身体への自己認識――女子プロレスラーの身体とジェンダー」『スポーツとジェンダー研究』五　四―一七頁
赤川学（一九九九／二〇一二）『セクシュアリティの歴史社会学』勁草書房
飯田貴子（二〇一一）「若者へのインタビュー調査から見えてくる『スポーツ環境における同性愛に対する態度』」『スポーツとジェンダー研究』九　六二―七四頁
――――（二〇〇三）「新聞報道における女性競技者のジェンダー化――菅原教子から楢崎教子へ」『スポーツとジェンダー研究』一　四―一四頁
井谷聡子（二〇二〇）「スポーツと警察・脅威――人種とジェンダーの視点から」『現代スポーツ評論』四三　九一―九七頁
井出智博・松尾由希子・鎌塚優子・山元薫・玉井紀子・細川知子（二〇一八）「公立高等学校における性的マイノリティ生徒への対応の現状と課題――静岡県の養護教諭への調査を通して」『静岡大学教育学部研究報告人文・社会・自然科学篇』六八　七一―八八頁
今西一（二〇〇〇）『国民国家とマイノリティ』日本経済評論社
――――（一九九八）『近代日本の差別と性文化――文明開化と民衆世界』雄山閣出版
稲葉昭子（二〇一〇）「学校教育におけるセクシュアル・マイノリティ」『創価大学大学院紀要』三二　二五九―二八〇頁
稲葉継雄（一九九八）「塩原時三郎研究――植民地朝鮮における皇民化教育の推進者」『大学院教育学研究紀要』一　一八五―二〇八頁

入江克己（一九九三）「日本近代における植民地体育政策の研究（第1報）――満州における体育政策の成立過程」『鳥取大学教育学部研究報告　教育科学』三五（二）　三九三―四一〇頁
――（一九八八）『日本近代体育の思想構造』明石書店
鵜飼哲（二〇二〇）『まつろわぬ者たちの祭り――日本型祝賀資本主義批判』インパクト出版会
上野千鶴子（一九九八）『ナショナリズムとジェンダー』青土社
風間孝・飯田貴子・吉川康夫・藤山新・藤原直子・松田恵示・來田享子（二〇一一）「性的マイノリティのスポーツ参加――学校におけるスポーツ経験についての調査から」『スポーツとジェンダー研究』九　四二―五二頁
片岡栄美（二〇一九）「象徴権力としてのスポーツと『体育会系』アイデンティティの特徴――ブルデュー理論からみた男性支配と体育会系ハビトゥス」『スポーツとジェンダー研究』一七　四九―六三頁
亀井好恵（二〇一二）『女相撲民族誌――越境する芸能』慶友社
北村文（二〇〇九）『日本女性はどこにいるのか――イメージとアイデンティティの政治』勁草書房
サラモン、ゲイル（二〇一九）『身体を引き受ける――トランスジェンダーと物質性（マテリアリティ）のレトリック』藤高和輝（訳）　以文社
杉浦郁子（二〇〇六）「1970、80年代の一般雑誌における『レズビアン』の表象」矢島正見（編著）『戦後日本女装・同性愛研究』（中央大学社会科学研究所研究叢書）　四九一―五一八頁
杉山文野（二〇〇六）『ダブルハッピネス』講談社
鈴木貞美（二〇〇五）『日本の文化ナショナリズム』平凡社
鈴木敏夫（一九八四）「近代学校制度の成立と身体教育」『北海道大學教育學部紀要』四四　一―一五頁
鄭暎惠（二〇〇三）『〈民が代〉斉唱――アイデンティティ・国民国家・ジェンダー』岩波書店
束原文郎（二〇一一）「〈体育会系〉就職の起源――企業が求めた有用な身体：『実業之日本』の記述を手掛かりとして」『スポーツ産業学研究』二一（二）　一四九―一六八頁
――（二〇〇八）「〈体育会系〉神話に関する予備的考察――〈体育会系〉と〈仕事〉に関する実証研究に向けて」『札幌大学

総合論叢』二六　二一―三四頁
鶴田幸恵（二〇〇九）『性同一性障害のエスノグラフィ――性現象の社会学』ハーベスト社
西川長夫（一九九八）『国民国家論の射程――あるいは〈国民〉という怪物について』柏書房
西尾達雄（二〇〇三）『日本植民地下朝鮮における学校体育政策』明石書店
日本スポーツ協会　スポーツ医・科学専門委員会（二〇一七）「平成二九年度　日本体育協会スポーツ医・科学研究報告II　スポーツ指導に必要なＬＧＢＴの人々への配慮に関する調査研究　第一報」
――（二〇一六）「平成三〇年度　日本体育協会スポーツ医・科学研究報告I　スポーツ指導に必要なＬＧＢＴの人々への配慮に関する調査研究　第二報」
野宮亜紀（二〇〇四）「『性同一性障害』をめぐる動きとトランスジェンダーの当事者運動――Trans-Net Japan（ＴＳとＴＧを支える人々の会）の活動史から」『日本ジェンダー研究』七　七五―九一頁
朴裕河（二〇〇七）『ナショナル・アイデンティティとジェンダー――漱石・文学・近代』クレイン
バトラー、ジュディス（二〇一八）『ジェンダー・トラブル――フェミニズムとアイデンティティの攪乱』竹村和子（訳）　青土社
フーコー、ミシェル（二〇二〇）『〈新装版〉監獄の誕生――監視と処罰』田村俶（訳）　新潮社
――（一九八六）『性の歴史I　知への意志』渡辺守章（訳）　新潮社
藤山新・飯田貴子・吉川康夫・井谷聡子・風間孝・來田享子・佐野信子・藤原直子・松田恵示（二〇一〇）「スポーツ領域における性的マイノリティのためのガイドラインに関する考察――海外ガイドラインの比較を通した日本への示唆」『スポーツとジェンダー研究』八　六三―七〇頁
ボイコフ、ジュールズ（二〇一八）『オリンピック秘史――１２０年の覇権と利権』中島由華（訳）　早川書房
本多明生（二〇一九）「小中学校における性的マイノリティへの支援の現状と課題――全国調査の自由記述から」『現代性教育研究ジャーナル』九五　一―六頁
三橋順子（二〇〇三ａ）「日本トランスジェンダー略史（その１）――古代から近代まで」米沢泉美編著『トランスジェンダリズ

ム宣言──性別の自己決定権と多様な性の肯定』社会批評社　九六―一〇三頁

――――（二〇〇三b）「日本トランスジェンダー略史（その2）――戦後の新展開」米沢泉美編著『トランスジェンダリズム宣言──性別の自己決定権と多様な性の肯定』社会批評社　一〇四―一一八頁

――――（二〇〇三c）「日本トランスジェンダー略史（その3）――1990年代後半～現在」米沢泉美編著『トランスジェンダリズム宣言──性別の自己決定権と多様な性の肯定』社会批評社　一一九―一二九頁

ミルズ、サラ（二〇〇六）『ミシェル・フーコー』酒井隆史（訳）青土社

モッセ、L・ジョージ（一九九四）『大衆の国民化――ナチズムに至る政治シンボルと大衆文化』佐藤卓己・佐藤八寿子（訳）柏書房

モッセ、L・ジョージ（一九九六）『ナショナリズムとセクシュアリティ――市民道徳とナチズム』佐藤卓己・佐藤八寿子（訳）柏書房

矢島正見編著（二〇〇六）『戦後日本女装・同性愛研究』中央大学出版部

吉野靫（二〇〇八）「『多様な身体』が性同一性障害特例法に投げかけるもの」『コア・エシックス』四　三八三―三九三頁

Anderson, E. (2005). *In the game: Gay athletes and the cult of masculinity*. Albany, NY: State University of New York Press.

Anderson, B. R. O. (1983). *Imagined communities: Reflections on the origin and spread of nationalism*. London: Verso.

Bauer, G. R., Hammond, R., Travers, R., Kaay, M., Hohenadel, K. M., & Boyce, M. (2009). "I don't think this is theoretical; this is our lives": How erasure impacts health care for transgender people". *Journal of the Association of Nurses in AIDS Care, 20*(5), 348-361.

Bavington, L. D. (2019). Sex control in women's sport: A history of the present regulations on hyperandrogenism in female athletes. In V. Krane (Ed.), *Sex, gender, and sexuality in sport: Queer inquiries* (pp. 181-201). New York, NY: Routledge.

Birrell, S. (2000). Feminist theories for sport. In J. J. Coakley, & E. Dunning (Eds.), *Handbook of sports studies* (pp. 61-

76). Thousand Oaks, Calif.: SAGE Publications.

Butler, J. (2011). *Bodies that matter: On the discursive limits of "sex"*. New York: Routledge. (1993a).

———. (2004). *Undoing gender*. New York: Routledge.

———. (1998). How bodies come to matter: An interview with Judith Butler. By I. C. Meijer & B. Prins. *Signs, 23*(2), 275-286.

———. (1993). Imitation and gender insubordination. In H. Abelove, M. A. Barale & D. M. Halperin (Eds.), *The lesbian and gay studies reader* (pp. 307-320). New York and London: Routledge.

———. (1990). *Gender trouble: Feminism and the subversion of identity*. New York: Routledge.

Cahn, S. K. (1994). *Coming on strong: Gender and sexuality in twentieth-century women's sport*. New York: Maxwell Macmillan International.

Cauldwell, J. (2006). (Ed.). *Sport, sexualities and queer/theory*. New York: Routledge.

Chalmers, S. (2002). *Emerging lesbian voices from Japan*. New York: Routledge Curzon.

Chapelle, A. d. l. (1986). The use and misuse of sex chromatin screening for 'gender identification' of female Athletes. *Journal of the American Medical Association, 256*(14), 1920-1923.

Clarke, G. (2002). "Differences matters: Sexuality and physical education". In D. Penney (Ed.), *Gender and physical education: Contemporary issues and future directions* (pp. 41-56). New York: Routledge.

Coloma, R. S. (2008). "Border crossing subjectivities and research: Through the prism of feminists of color". *Race Ethnicity and Education, 11*(1), 11-27.

Connell, R. W. (1995). *Masculinities*. Cambridge, UK: Polity Press.

Davidson, J. (2013). Sporting homonationalisms: Sexual exceptionalism, queer privilege, and the 21st century international lesbian and gay sport movement. *Sociology of Sport Journal, 30*(1), 57-82.

Dijk, T. V. (2001). Critical discourse analysis. In D. Schiffrin, D. Tannen & H. E. Hamilton (Eds.), *The handbook of dis-*

course analysis (pp. 352-371). Malden, MA: Blackwell.

Edwards, E., M. (2003). *The Ladies League: Gender politics, national identity, and professional sports in Japan*. (Doctoral dissertation). Available from ProQuest Dissertations and Theses database. (UMI No. 3096086).

Elsas, L. J., Hayes, R. P., & Muralidharan, K. (January 1997). Gender verification at the centennial Olympic Games. *Journal of the Medical Association of Georgia, 86*(1), 50-54.

Enloe, C. H. (1989). *Bananas, beaches & bases: Making feminist sense of international politics*. London: Pandora.

Fédération Internationale de Football Association. (2019). Policy on transgender people Fédération Internationale de Football Association.

———. (2011). Regulations FIFA gender verification. Retrieved from Fédération Internationale de Football Associationwebsite: https://www.fifa.com/fifaeworldcup/news/fifa-issues-gender-verification-regulations-for-all-competitions-1449540.

Ferguson-Smith, M. A., & Ferris, E. A. (1991). Gender verification in sport: The need for change? *British Journal of Sports Medicine, 25*, 17-21.

Foucault, M. (2003). *Society must be defended: Lectures at the Collège de France, 1975-76.* Bertani M. and Fontana A. (Eds.) (D. Macey Trans.). New York: Picador.

———. (1977/1995). *Discipline and punish: The birth of the prison* (2nd ed.). New York: Vintage Books.

———. (1980). *The history of sexuality, volume 1: An introduction*. New York: Random House.

Frost, D. J. (2010). *Seeing stars: Sports celebrity, identity, and body culture in modern Japan*. Cambridge, Mass.: Distributed by Harvard University Press.

Furukawa, M., & Lockyer, A. (1994). The changing nature of sexuality: The three codes framing homosexuality in modern Japan. *US-Japan Women's Journal English Supplement, 7*, 98-127.

Fusco, C. (2006). Spatializing the (im)proper subject: The geographies of abjection in sport and physical activity space.

Journal of Sport & Social Issues, 30(1), 5-28.

Fusco, C. (2009). Subjection, surveillance, and the place(s) of performance: The discursive productions of space in Canada's national sport centre policy. *Sport History Review, 40*(1), 1-29.

Griffin, P. (1998). *Strong women, deep closets: Lesbians and homophobia in sport*. Champaign, IL: Human Kinetics.

———. (1992). Changing the game: Homophobia, sexism, and lesbians in sport. *Quest, 44*, 251-265.

Halberstam, J. (1998). *Female masculinity*. Durham, NC: Duke University Press.

Hargreaves, J. (1994). *Sporting females: Critical issues in the history and sociology of women's sports*. New York: Routledge.

———. (1986). Where's the virtue? Where's the grace? A discussion of the social production of gender relations in and through sport. *Theory, Culture & Society, 3*, 109-121.

Haritaworn, J., Tauqir, T., & Erdem, E. (2008). "Gay imperialism: Gender and sexuality discourse in the War on Terror". In A. Kuntsman, & E. Miyake (Eds.), *Out of place: Interrogating silences in queerness/raciality* (pp. 71-95). York: Raw Nerve Books.

Hasian, M. (2012). Colonial amnesias, photographic memories, and demographic biopolitics at the Royal Museum for Central Africa (RMCA). *Third World Quarterly, 33*(3), 475-493.

Hawkins, J. R. (2000). Japan's journey into homophobia. *The Gay & Lesbian Review Worldwide, 7*(1), 36.

Hogan, J. (2009). *Gender, race and national identity: Nations of flesh and blood*. New York: Routledge.

———. (2003). Staging the nation: Gendered and ethnicized discourses of national identity in Olympic opening ceremonies. *Journal of Sport & Social Issues, 27*(2), 100-123.

Iino, Y. (2006). The politics of "Disregarding" : Addressing zainichi issues within the lesbian community in Japan. *Journal of Lesbian Studies, 10*(3-4), 69-85.

Itani, S. (2020). The 'feminist' discourse on trans exclusion from sports. *Journal of Gender Studies, 23*, 27-46.

———. (2011). Sick but legitimate? Gender identity disorder and a new gender category in Japan. In D. Hutson, & P.

J. McGann (Eds.), *Sociology of diagnosis*: Advances in medical sociology vol. 12. (pp. 281-308). Bingley: Emerald Group Publishing Limited.

Jackson, A. Y., & Mazzei, L. A. (2012). *Thinking with theory in qualitative research: Viewing data across multiple perspectives*. New York: Rutledge.

Jäger, S., & Maier, F. (2009). Theoretical and methodological aspects of Foucauldian critical discourse analysis and dispositive analysis. In R. Wodak, & M. Meyer (Eds.), *Methods of critical discourse analysis* (2nd ed., pp. 34-61). London: Sage.

Joo, R. M. (2012). *Transnational sport: Gender, media, and global Korea*. Durham, NC: Duke University Press.

Kato, K. (2008). A case study of one student's experiences as a recognized homosexual in a high school. *Mejiro Journal of Social and Natural Sciences, 4*, 25-34.

Kietlinski, R. (2011). *Japanese women and sport: Beyond baseball and sumo*. Gordonsville: Macmillan.

Kim, K. (2013). Translation with abusive fidelity: Methodological issues in translating media texts about Korean LPGA players. *Sociology of Sport Journal, 30*, 340-358.

King, S. (2009). Virtually normal: Mark Bingham, the war on terror, and the sexual politics of sport. *Journal of Sport & Social Issues, 33*(1), 5-24.

Koivula, N. (2001). Perceived characteristics of sports categorized as gender-neutral, feminine and masculine. *Journal of sport Behavior, 24*(4), 377-393.

Krane, V. (1997). Homonegativism experienced by lesbian collegiate athletes. *Women in Sport and Physical Activity Journal, 6*(2), 141-163.

Kuhn, T. (2010). Subjectivity. In R. L. Jackson II & M. A. Hogg (Eds.), *Encyclopedia of identity* (pp. 801-804). Thousand Oaks: SAGE Publications.

Larsson, H. (2014). Materialising bodies: There is nothing more material than a socially constructed body. *Sport, Educa-*

tion and Society, 19(5), 637-651.

Lazar, M. M. (2007). Feminist critical discourse analysis: Articulating a feminist discourse praxis. *Critical Discourse Studies, 4*(2), 141-164.

Leavy, P., & Hesse-Biber, S. N. (2006). *The practice of qualitative research*. Thousand Oaks: SAGE Publications.

Lemke, T. (2005). Beyond genetic discrimination: Problems and perspectives of a contested notion. *Genomics, Society and Policy, 1*(3), 22-40.

Lenskyj, H. (2020). *The Olympic Games: A critical approach*. Bingley, UK: Emerald Publishing Limited.

———. (2003). *Out on the field: Gender, sport, and sexualities*. Toronto: Women's Press.

———. (1990). Power and play: Gender and sexuality issues in sport and physical activity. *International Review for the Sociology of Sport, 25*(3), 235-245.

———. (1986). *Out of bounds: Women, sport and sexuality*. Toronto: Women's Press.

Levent, N. S. (2004). *Healthy spirit in a healthy body: Representations of the sports body in Soviet art of the 1920s and 1930s*. New York: Peter Lang.

Ljungqvist, A., & Simpson, J. L. (1992). Medical examination for health of all athletes replacing the need for gender verification in international sports. *Journal of American Medical Association, 267*(6), 850-852.

Mackintosh, J. D. (2009). *Homosexuality and manliness in postwar Japan*. New York: Routledge.

Manzenreiter, W. (2006). Sport spectacles, uniformities and the search for identity in late modern Japan. *The Sociological Review, 54*(2), 144-159.

McClintock, A. (1995). *Imperial leather: Race, gender and sexuality in the colonial contest*. New York: Routledge.

———. (1993). Family feuds: Gender, nationalism and the family. *Feminist Review*, (44), 61-80.

McCree, D. R. (2011) . The death of a female boxer: Media, sport, nationalism, and gender. *Journal of Sport and Social Issues, 35*(4), 327-349.

McDonald, I. (2007). Political somatics: Fascism, physical culture, and the sporting body. In J. Hargreaves, & P. A. Vertinsky (Eds.), *Physical culture, power, and the body* (pp. 52-73). London: Routledge.

McDonald, M. G. (2005). Mapping whiteness and sport: An introduction. *Sociology of Sport Journal, 22*(3), 245-255.

McLelland, M. J. (2005). *Queer Japan from the Pacific War to the Internet age*. Lanham, MD: Rowman & Littlefield.

McLelland, M., Suganuma, K., & Welker, J. (Eds.). (2007). *Queer voices from Japan: First person narratives from Japan's sexual minorities*. Lanham, MD.: Lexington Books.

Messner, M. A. (2002). *Taking the field: Women, men, and sports*. Minneapolis: University of Minnesota Press.

———. (1997). *Politics of masculinities: Men in movements*. Thousand Oaks, Calif.: Sage Publications.

———. (1992). *Power at play: Sports and the problem of masculinity*. Boston: Beacon Press.

Messner, M. A., & Sabo, D. F. (Eds.). (1990). *Sport, men, and the gender order: Critical feminist perspectives*. Champaign, Ill.: Human Kinetics Books.

Mignolo, Walter D. (2011). *The Darker side of western modernity: Global futures, decolonial options*. Durham & London: Duke University Press.

———. (2015, April 27). *Coloniality: The Darker Side of Western Modernity* [keynote address]. Guggenheim UBS MAP Global Art Initiative, New York. https://www.guggenheim.org/video/walter-mignolo-on-coloniality-and-western-modernity.

———. (2011). *The darker side of western modernity: Global futures, decolonial options*. Durham, NC: Duke University Press.

Morison, T., & Macleod, C. (2013). A performative-performance analytical approach: Infusing Butlerian theory into the narrative-discursive method. *Qualitative Inquiry, 19*(8), 566-577.

Mosse, G. L. (1985). *Nationalism and sexuality: Respectability and abnormal sexuality in modern Europe*. New York: H. Fertig.

———. (1975). *The nationalization of the masses: Political symbolism and mass movements in Germany from the Napoleonic wars through the Third Reich*. New York: H. Fertig.

Muñoz, J. E. (1999). *Disidentifications: Queers of color and the performance of politics*. Minneapolis: University of Minnesota Press.

Nagata, K. (2013, April). "People's award: glittering honor or political tool?". *The Japan Times*. Retrieved from: http://www.japantimes.co.jp/news/2013/04/30/reference/peoples-award-glittering-honor-or-political-tool/#.Uupx_XddVwo.

Pflugfelder, G. M. (1999). *Cartographies of desire: Male-male sexuality in Japanese discourse, 1600-1950*. Berkeley, Calif.: University of California Press.

Pronger, B. (1992). *The arena of masculinity: Sports, homosexuality, and the meaning of sex*. Toronto: University of Toronto Press.

Rose, C. (2006). The battle for hearts and minds: Patriotic education in Japan in the 1990s and beyond. In N. Shimazu (Ed.), *Nationalisms in Japan* (pp. 181-187). New York: Routledge.

Sakai, N. (2005). Introduction: Nationality and the politics of the "mother tongue". In N. Sakai, B. d. Bary & T. Iyotani (Eds.), *Deconstructing nationality* (pp. 1-38). Ithaca: East Asia Program, Cornell University.

Shigematsu, S. (2012). *Scream from the shadows: The women's liberation movement in Japan*. Minneapolis: University of Minnesota Press.

Shimazu, N. (Ed.). (2006). *Nationalisms in Japan*. New York: Routledge.

Simpson, J. L. (1986). Gender testing in the Olympics. *Journal of the American Medical Association, 256*(14), 1938.

Simpson, J. L., Ljungqvist, A., Chapelle, A. d. l., Ferguson-Smith, M. A., Genel, M., Carlson, A., . . . Ferris, E. A. (1993). Gender verification in competitive sports. *Sports Medicine, 16*(5), 305-315.

Simpson, J. L., Ljungqvist, A., Ferguson-Smith, M. A., Chapelle, A. d. l., Elsas, L. J., Ehrhardt, A. A., . . . Carlson, A. (2000). Gender verification in the Olympics. *Journal of American Medical Association, 284*(12), 1568-1569.

Spivak, G. C. (1988). Can the subaltern speak?, C. Nelson & L. Grossberg (Eds.). Marxism and the Interpretation of Culture (pp. 271-313). Champaign, IL: University of Illinois Press.

Sugiura, I. Increasing lesbian visibility. In K. (2011). Fujimura-Fanselow (Ed.), *Transforming Japan: How feminism and diversity are making a difference* (pp. 164-176). New York, NY: Feminist Press.

———. (2008). Lesbian discourses in mainstream magazines of post-war Japan: Is onabe distinct from rezubian? *Journal of Lesbian Studies, 10*(3/4), 127-144.

Sullivan, N. (2003). *A critical introduction to queer theory*. New York: New York University Press.

Sykes, H. (2011a). Gay pride, White pride: White supremacies underpinning LBGT diversity at the Vancouver and London Olympics. *2011 North American Society for Sociology of Sport Conference*.

———. (2011b). *Queer bodies: Sexualities, genders, & fatness in physical education*. New York: Peter Lang.

———. (2006). Queering theories of sexuality in sport studies. In J. Caudwell (Ed.), *Sport, sexualities and queer/theory* (pp. 13-32). New York: Routledge.

Sykes, H., & Cavanagh, S. L. (2006). Transsexual bodies at the Olympics: The international Olympic Committee's policy on transsexual athletes at the 2004 Athens Summer Games. *Body & Society, 12*(3), 75-102.

Symons, C., & Hemphill, D. (2006). Transgendering sex and sport in the Gay Games. In J. Caudwell (Ed.), *Sport, sexualities and queer/theory* (pp. 109-128). New York: Routledge.

Ueno, C. (2004). *Nationalism and gender*. (B. Yamamoto Trans.). Melbourne: Trans Pacific Press. (Original work published 1998).

United Nations Human Rights Council. (2020, June 15). "Intersection of race and gender discrimination in sport: Report of the United Nations High Commissioner for Human Rights". Retrieved from https://www.ohchr.org/EN/HRBodies/HRC/RegularSessions/Session44/Pages/ListReports.aspx.

Van Ingen, C. (2003). Geographies of gender, sexuality and race: Reframing the focus on space in sport sociology. *Inter-*

national Review for the Sociology of Sport, 38(2), 201-216.

Vertinsky, P. A. (1990). *The eternally wounded woman: Women, doctors, and exercise in the late nineteenth century*. New York, NY: St. Martin's Press.

Watanabe, T., & Iwata, J. (1989). *The love of the samurai: A thousand years of Japanese homosexuality*. London: Gay Men's Press.

Wilson, N. (2001). Butler's corporeal politics: Matters of politicized abjection. *International Journal of Sexuality and Gender Studies, 6*(1/2), 109-121.

Wodak, R., & Meyer, M. (2009). Critical discourse analysis: History, agenda, theory and methodology. In R. Wodak, & M. Meyer (Eds.), *Methods of critical discourse analysis* (2nd ed., pp. 1-33). London: Sage.

World Medical Association. (2019, April 25). *WMA urges physicians not to implement IAAF rules on classifying women athletes* [Press release]. Retrieved from https://www.wma.net/news-post/wma-urges-physicians-not-to-implement-iaaf-rules-on-classifying-women-athletes/

Xu, X. (2006). Modernizing China in the Olympic spotlight: China's national identity and the 2008 Beijing Olympiad. *The Sociological Review, 54*(2), 90-107.

著者紹介

井谷 聡子（いたに・さとこ）

1982年生まれ。2015年トロント大学博士課程を修了。現在、関西大学文学部准教授。専門はスポーツとジェンダー・セクシュアリティ研究。著作に「男女の境界とスポーツ規範・監視・消滅をめぐるボディ・ポリティクス」『思想』（岩波書店）。「〈新〉植民地主義社会におけるオリンピックとプライドハウス」『スポーツとジェンダー研究10』（日本スポーツとジェンダー学会）など。

〈体育会系女子〉のポリティクス
身体・ジェンダー・セクシュアリティ

2021年３月19日　第１版発行
2021年９月15日　第４版発行

著　者　井　谷　　聡　子

発行所　関　西　大　学　出　版　部
〒564-8680 大阪府吹田市山手町３-３-35
TEL 06-6368-1121／FAX 06-6389-5162

印刷所　石川特殊特急製本株式会社
〒540-0014　大阪府大阪市中央区龍造寺町７-38

編集協力：原章（編集工房レイヴン）

ISBN 978-4-87354-732-9　C3036　　落丁・乱丁はお取替えいたします。